三本足のカラス・金烏《きんう》の謎を追う

——第一部　ご縁って不思議　ありがたいことです

中村彰太郎

22世紀アート

目次

ふり仮名表記

・「カタカナ」は現地発音

・「ひらがな」は日本発音

日光東照宮の三猿

陽明門のおびただしい霊獣

和歌山県 熊野本宮大社(世界文化遺産)の八咫烏

日光東照宮(世界文化遺産)の陽明門

烏山大橋にかかる虹（谷口征一氏撮影）

烏山市での国際交流(2000年)

烏山町での国際交流（1993年）

角抵塚の金烏と蟾蜍（同）

ああ高句麗展(1993年、ソウル市)

大韓民国伽倻山海印寺（世界文化遺産）（1995年）

同 大寂光殿

こずえに留まる烏鵲
（カササギ）

大韓民国国花の
木槿（むくげ）

大韓民国水原市 水原華城（世界文化遺産）

烏山城(臥牛城)の山並みと那珂川

烏は金の御幣をくわえて（烏山の民話から）

金烏山は臥仏山ともいう

大韓民国亀尾市の金烏山

友鹿里は両班の里

大韓民国達城郡友鹿里の慕夏堂金公祠堂

遼寧省 熊岳城駅

中国大連市大連駅 東北地方への玄関口

山間の里 朝餉の支度で煙があがる

吉林省通化市からタクシー 霧が晴れる

峠から集安市と鴨緑江を望む

山また山を抜けて

岡にある将軍塚(同)の威容

吉林省集安市 好太王碑（世界文化遺産）

後方の陪臣塚（同）

一面に 3 個の石

ゆったりとした流れの鴨緑江

鴨緑江大橋と学生たち

群生する金到来（杜鵑花）

林蟆(リンモ)の煮物と山菜

丸都山城からの小川と親子

累々と続く洞溝古墳群（世界文化遺産）

遼寧省瀋陽市 北駅前の太陽鳥

丸都山城の全貌（同）

白帝城内の展示
諸葛孔明を召して
劉備玄徳遺言を伝える

長江三峡の最上流 瞿塘峡

四川省成都市 武侯祠の静遠堂に祀られる諸葛孔明

安瀾索道と魚嘴

都江堰の工事に使った竹籠・榪槎

四川省 都江堰（世界文化遺産）全貌（中国国家地理雑誌社提供）

都江堰により制御される眠江の流れ（同上）

四川盆地は想像以上に広い

目のぱっちりした四川人

青銅跪座人像 高さ15*cm*

四川省 三星堆博物館に再現された基壇

西周中期・穆王時期の
三足鳥尊

出土した鳥類

湖南省長沙市馬王堆漢墓出土の帛布

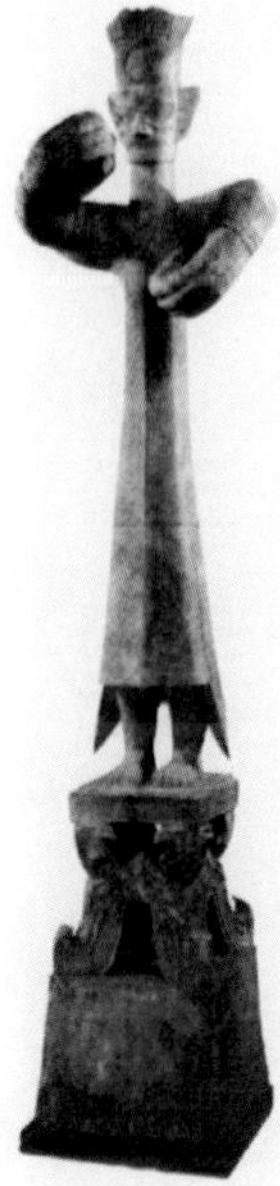

青銅立人像 高さ262㎝

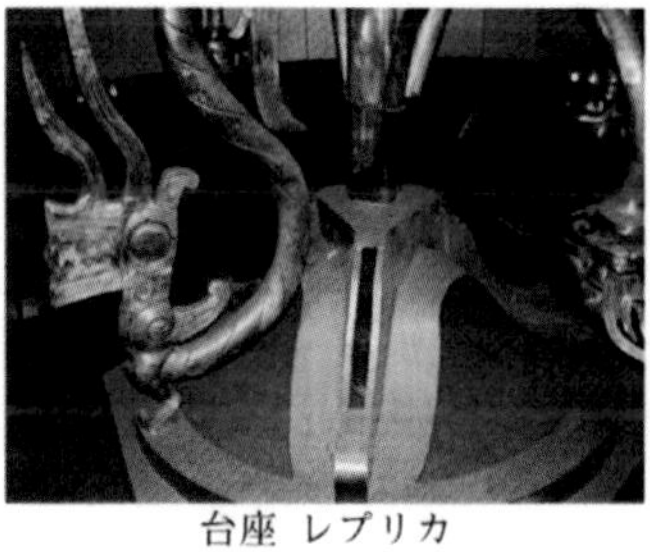

台座 レプリカ

神樹 高さ395㎝
（三星堆博物館提供）

山東省 泰安市から望む泰山(世界文化と自然遺産)の全貌

延々と続く人波

泰山山頂の掲額

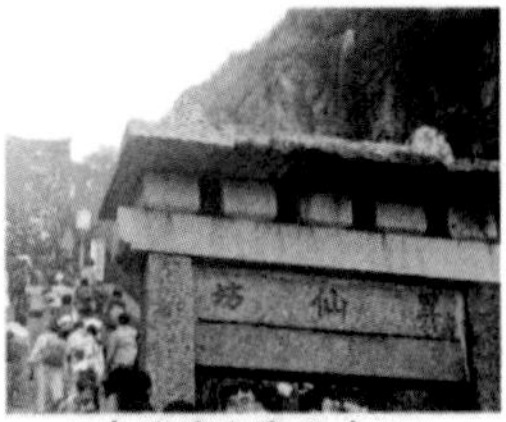
十八盆を登る人々

湖南省 衡山大廟の太陽と鳳凰

后羿9個の太陽を射る（同）

同時に10個の太陽が出現
（中国百家出版社提供）

七夕神話：年に一度の逢瀬(同)

七夕神話：父親を助けて銀河を汲む（同）

明の十三陵(世界文化遺産)の神域 定陵から

故宮の交泰殿

故宮の午門

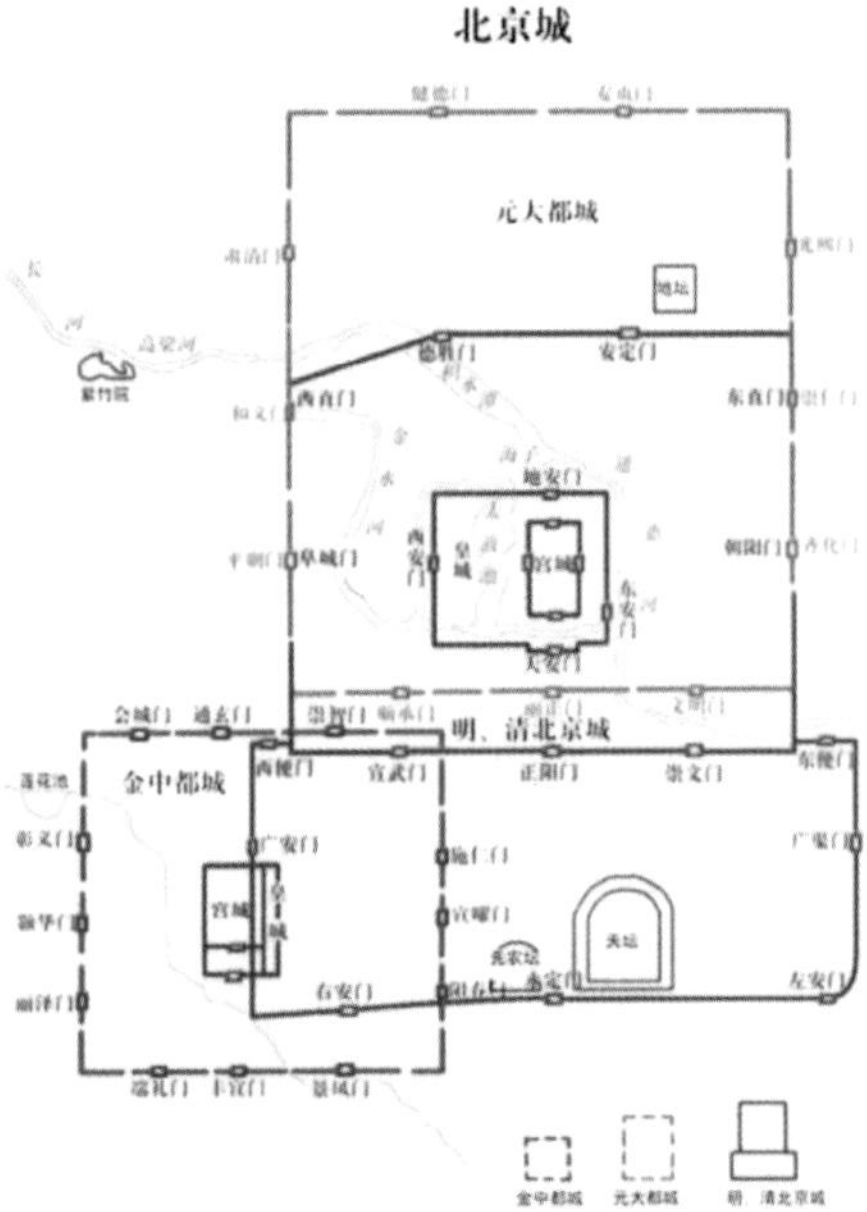

金、元、明、清の北京城変遷図
（中国国家地理雑誌社提供）

天安門の扉（９個９列の鋲）

北京市 故宮（世界文化遺産）の天安門

故宮の乾清殿での撮影風景（1985年）

故宮の神武門（元の呼称は玄武門）

故宮の角楼

②吃　吻

①贔　屓（亀趺）

③蒲　牢

④狴　犴

⑤饕　餮

⑥蚆　蝮

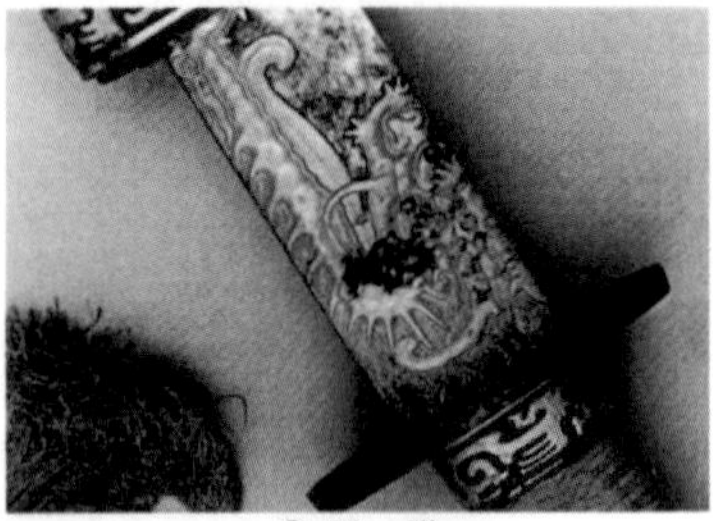

⑦睚　眦

⑧金　睨

⑨椒　図

北京市 日壇公園の太陽壁画

日壇の基壇

北京市 月壇公園

月壇公園内映月池の嫦娥

北京市 地壇公園

地壇の基壇 すべてが四角形

北京市 天壇公園の円丘と三門

円丘の天心石 一の次は九、十八…

烏啼…と書き始める

祈年門に至る丹陛橋

天壇公園の皇穹宇

天壇公園（世界文化遺産）の壮大な全容（中国民族撮影芸術出版社提供）

祈　年　殿

祈穀壇全景（中国民族撮影芸術出版社提供）

祈年殿の内部（同提供）

祈年殿の天井（中国電影出版社提供）

春　日　祭
勅使を先導なさる外記（朱紱色）

奈良県　春日大社（世界文化遺産）の本殿

東陵（世界文化遺産）延々と続く神路

河北省遵化市 清の東陵の石牌坊と金星山

北京空港の鳳凰屋（2001年）

北京空港の壁画　祈年殿と上天の太陽鳥

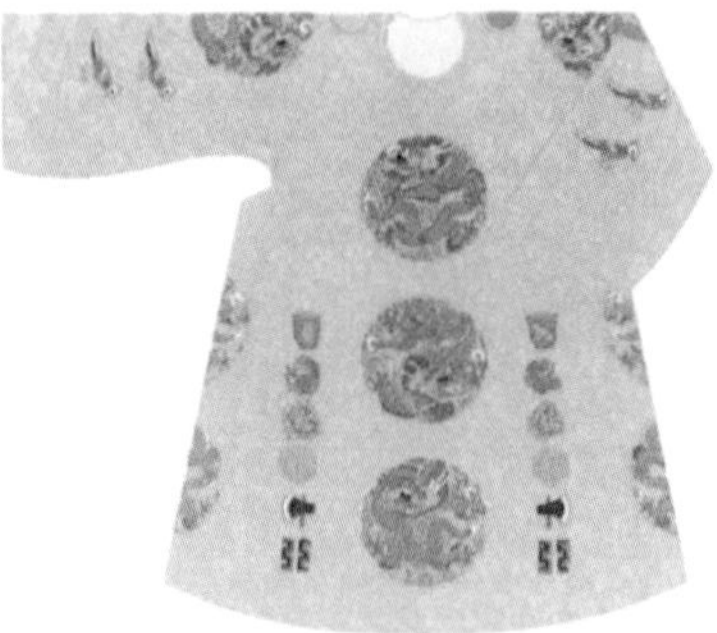

明の皇帝の常服（同）

漢の皇帝の朝服（中国歴代服飾）

清代のモンゴルの神衣（同）

モンゴルの龍袍（内蒙古自治区博物館提供）

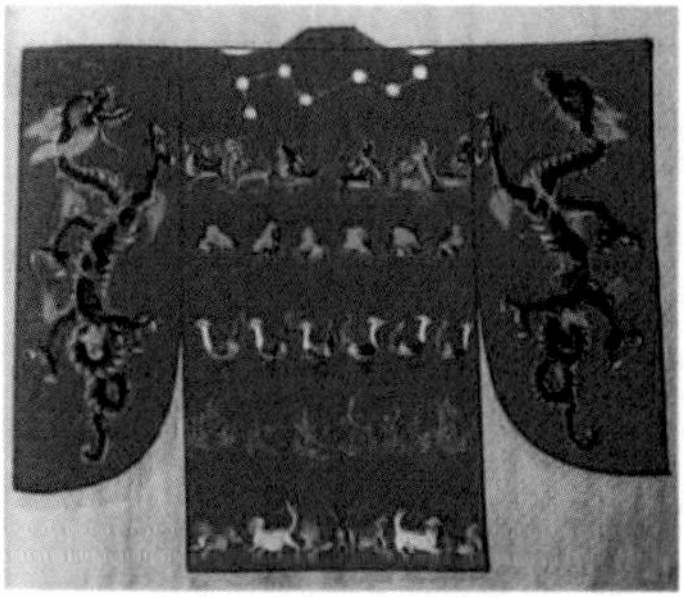

天子の大袖・後（同）

天子の大袖・前（礼儀類典）

天子の裳（同）

高御座（同）

（礼儀類典 宮内庁書陵部蔵）

安永９年（1780年）光格天皇の御即位式図（生田神社　加藤隆久宮司提供）

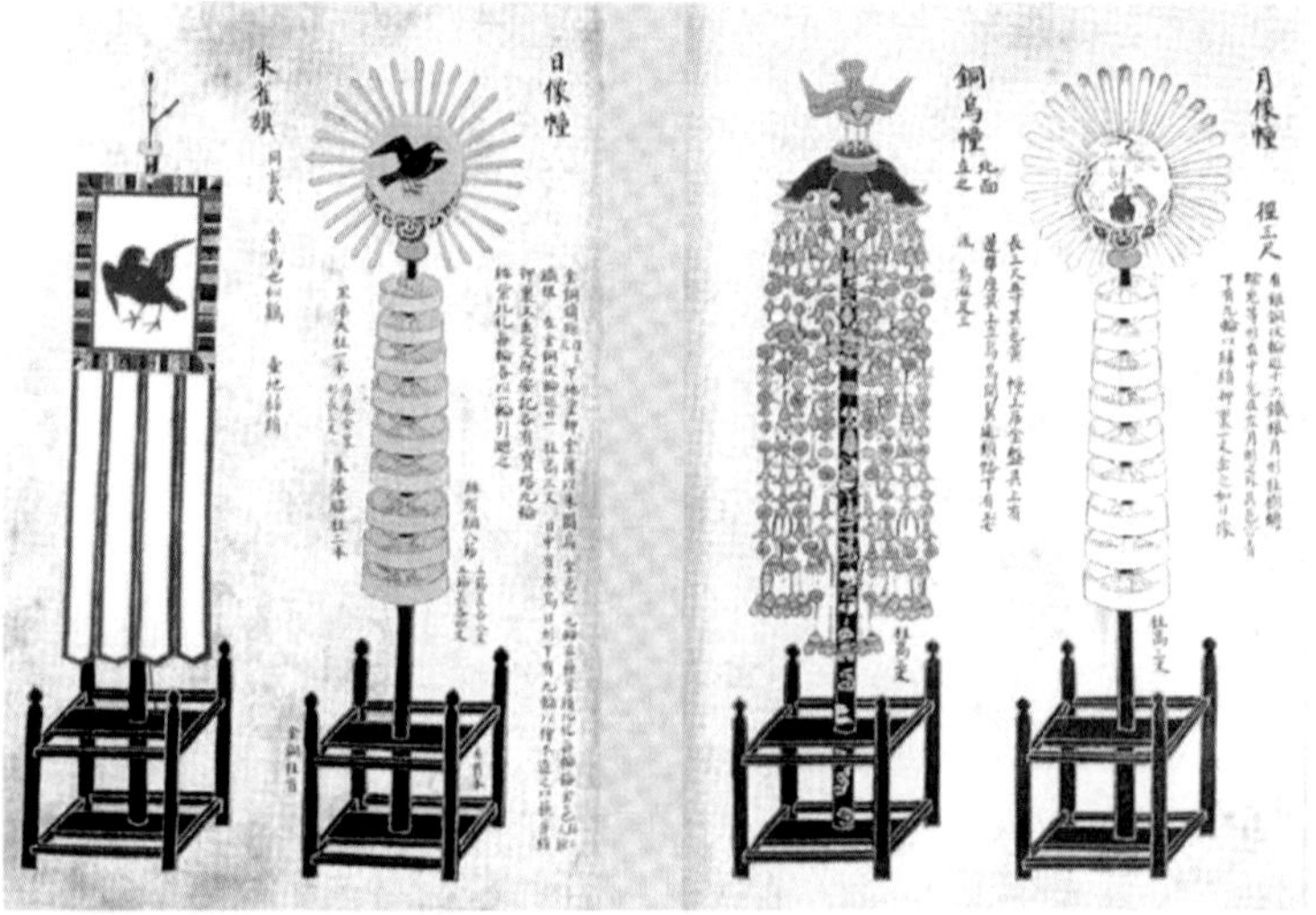

朱雀旗（同）　日像幢（同）　銅烏幢（同）　月像幢（礼儀類典）

第一部　ご縁って不思議、ありがたいことです

◆プロローグ

初めて大韓民国の金浦《キンポウ》空港に降り立ち、ソウル市観光を楽しんだのは、三十数年前の一九七一年（昭和四十六年）の三月中旬です。

春の息吹の感じられる日本の温暖な気候とは違い、たまたま、寒波襲来の時でしたから、ソウルの寒さは厳しく身に凍みたものです。

ソウル中心街の南大門《なんだいもん》の大通りですら、バスが多く、乗用車はまだ少なく、一流といえるホテルの数も少なかった時代でした。

しかし、その後の大韓民国の経済成長はご存じのとおりです。

私が住んでいる「烏山町《からすやままち》」と同じ地名が、京畿道《キョンキド》に存在する事を発見したのは、一九八六年（昭和六十一年）の夏でした。親近感を感じたものです。

この頃になると、大韓民国と台湾の目覚ましい発展ぶりに、日本の産業界は脅威を感じ始めていまし

た。その後の急激な円高の進行に伴い、日本の輸出関連産業は海外に工場を移転し始めました。国内空洞化のはしりです。

同じ地名のご縁で知り合ったのが「宋哉変《ソンジェスブ》」氏です。二人の合言葉は「オリンピック精神」でした。同じ製造業に携《たずさ》わっていたのですから、仕事を通じて交友をさらに深めることができたのですが、あえて、仕事で提携することはしないことにしたのです。交際を永く続けることに第一の意義をおきたい、永遠の朋友《とも》でいたい、と思ったふたりの相通じ合う心と心がなさせたことでした。

その親愛なる朋友「宋哉変」氏は、不慮《ふりょ》の事故により、数年前に突然、この世を去ってしまった。悔やまれてならないことが多いのです。

一九八九年の春、国際交流の一環として、烏山町の商工業の経営者たちと、大韓民国の烏山市役所を訪問しました。一九九二年の秋には、岩崎前町長を団長として、烏山中学校・境中学校・七合中学校の十六人の生徒たちが訪韓、バスケットボールの試合を通じて親善を尽くし、現地の歴史を学習したのです。二〇〇〇年の夏には、サッカーチームが訪韓しています。

大韓民国の「烏山《オサン》中学校」と「水原《スオン》女子中学校」の生徒たちが、初めて、来日したのは一九九三年の夏でしたが、一九九七年一月初旬に再来日しています。バスケットボールの親善試合をするためですが、町民の家々にホームステイして、交流を深めたのです。

「朋《とも》遠方より来たる、また楽しからずや」と、「孔子《こうし》」は言っています。

ご縁ができるということは、うれしくもあり、ありがたいことです。

宋さんのご冥福《めいふく》をお祈りしつつ、また、日韓両国の「烏山」同志の交流が、永く続くことを願って記したものです。

第一章　朋遠方《ともえんぽう》より来たる、また楽《たの》しからずや

一、大韓民国《テハンメンクック》に「烏山《オサン》」あり

一九八六年四月は、六十九年の周期どおり〝ハレー彗星《すいせい》〟が地球を訪れて、世界の人々が沸き返った年でした。

〝ハレー彗星〟の現れた年ないしはその後は、疫病が流行ったり、異変が起こるといわれていました。そのせいでもないのでしょうが、この年は台風の当たり年でした。発生の時期も早く、次から次と発生しては日本や大韓民国を襲った年だったのです。

日本の経済状況からいえば、「ジャパンアズナンバーワン」と世界の人々から称賛を浴びていた日本の輸出産業が、冷水を浴びせられつつあった年でした。

半年前の一九八五年九月の〝プラザ合意〟により、一ドル二百四十円の為替レートだったものが、二十五％減近い百七十五円前後という急速な円高となりました。輸出関連産業は利益を確保するために、顔色を変えて効率化をはかり、原価低減《げんかていげん》に必死の努力をしていた時期です。

一方、大韓民国の自動車産業は生産技術的にも進歩しつつあったことと、日本より安い人件費によるコスト競争力もありました。世界市場でのＶＴＲと自動車販売で、日本の強力な競争相手になりつつあった時でした。

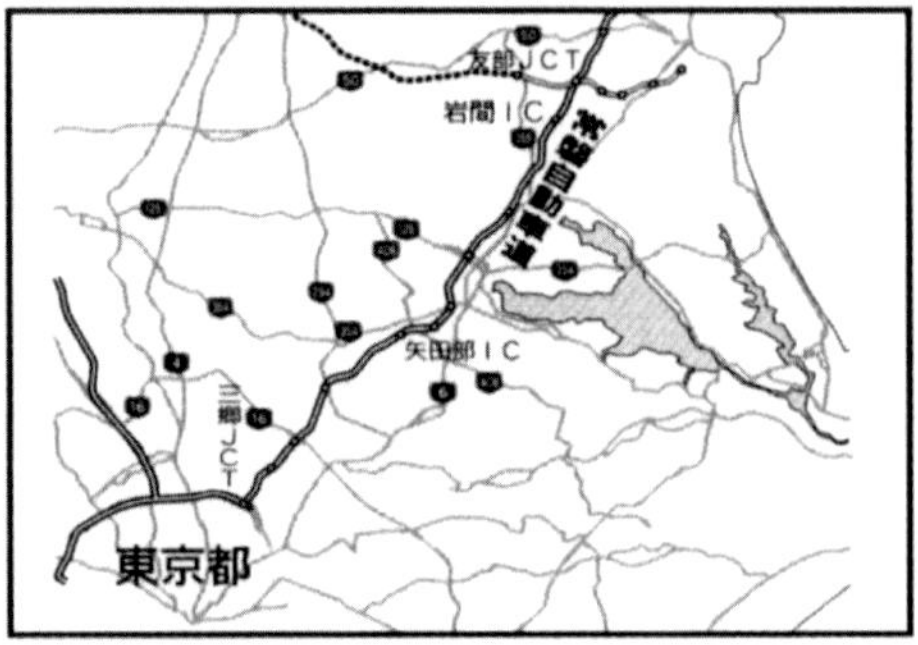

常磐高速道経路図

激変しつつある経営環境の中、大韓民国の自動車産業を視察し、国際感覚を養おうということになり、若手経営者十六名で、ソウル、大邱《テグ》、蔚山《ウルサン》、釜山《プサン》各地の十三工場を視察研修する事になったのです。

その「大韓民国自動車産業視察団」の最終打合せ会が、川崎市で開催された。

私の住む「栃木県烏山町」から百六十キロほどあるが、いつもの通り、私は愛車で出掛けた。台風が接近しつつあったが、小型ということだし、まだ遠き太平洋上にあるという。問題は無いと考えて、愛車で出掛けたのでした。機動性があるからです。しかし、安易《あんい》な予測は、結果的にいえば甘かったのです。

午後四時頃に会議が終わり、東京都内を経て、墨田区の常磐《じょうばん》高速道路の入口を通過したのは二時間後の六時頃となっていました。友人を浅草まで送り届けたことと、雨のせいで時間がかかってしまっていたのです。異常な雨降りとなっていた。〝バケツをひっくり返したような雨〟という表現がありますが、まさに…、そんな雨になっていたのです。

普段なら時速百キロで走行できる高速道路も、殴りつけるような雨ではワイパーも役に立たず、前を走る車のおぼろげなバックランプの赤い灯を頼りに、恐る恐る走行することになるのです。時速二、三十キロで走るのが精一杯でした。

いつものように、岩間《いわま》インターで一般道に出る。

二十分ほど走り、ＪＲ笠間駅《かさまえき》の電話ボックスから、〝一時間後の十時には、家に着くと思う〟と妻に電話をした。途中《とちゅう》で車を乗り捨てることになるとはつゆ知らずに…。

雨の降りしきる中、「逆川《さかがわ》」の川沿いに、北方の「烏山町《からすやままち》」に向かった。

太平洋側の川は、東か南東に流れ出る河川が多いが、逆川は逆方向の北方に流れるからその名がついたらしいが、やがては本流の「那珂川《なかがわ》」と合流する。突然、エンジンが停まった。〝しまった。ガス欠だ〟と思った。

あまりの雨の強さに、燃料計を見る余裕を失っていたのです。通常なら自宅まで帰ることの出来る燃料は残っていたはずなのですが、この日の悪天候のために燃料の消費が多く、メーターが急速に下がって行くのに気がつかなかったのです。

暗闇の中、周りをみると人家の少ない山の中です。ガソリンスタンドも営業時間外で人もいるはずがない。給油の方法が思いつかず真暗闇《まっくらやみ》の中で途方にくれていると、車の明かりが近付いて来たので手を挙げたら車は停まってくれた。

必死の思いで、事情を説明すると、

「この先の建設会社でガソリンを保管しています。そこに行くところです。

乗っていいですよ。相談してみてください」

と、いわれる。その温和で親しみのある話し方に救われる思いで、

「ありがとうございます」

と、お礼の言葉をいいつつ車に乗せて頂く…。車中、お聞きすると、

「異常な大雨ですね。洪水の懸念《けねん》を抱き、河川を巡回中です」

と、いう。二人の方が乗っていた。

茂木町・烏山町周辺地図

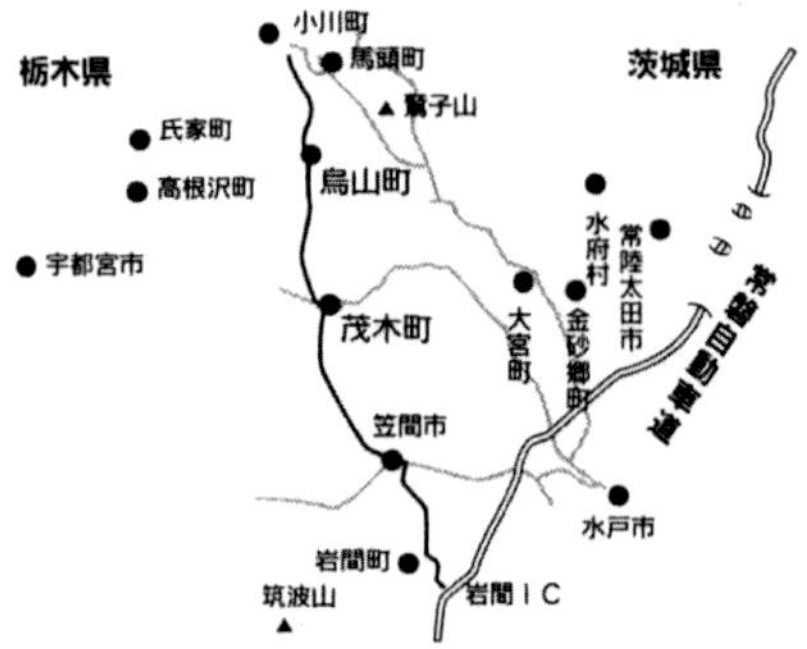

着いた会社の社名を「矢口建設」という。送ってくださった車のドアの文字を見ると「建設省河川管理事務所」とある。さすがですね、との熱き思いが込みあげてきた。

夜半とはいえ会社の電気が点《つ》いていたのは、〃防災のための相談〃ということで、管理事務所から事前に連絡してあったのであろうが、会社の若き専務さんはにこやかに応対する。

私の〃ガス欠〃の状況をお二人が説明して下さったら、専務さんは快く承諾し、五キロ先の愛車まで送り届けて下さった。豪雨の中であっても。

地獄の中の仏様でした。途方に暮れている時に、助けて頂くことほどうれしいことはない。人の暖かきお心は、骨身にしみるものです。

車は、再度走り始めた。〃これで自宅に帰れる〃とほっとした。

しかし、エンジンが本調子でない。力強さが無い。不安な気持ちになりながら、水浸しの道路を十キロほど走ったものの、ブスブスとエンジンは呻《うめ》いて停止してしまった。

急激な円高の為に、景気が悪くなりつつある時だった。車を新車にしたくてもせず、大切にして乗ってきた愛車であったが、十六万キロも走っていただけに、この豪雨と水浸しの道路状況に耐え切れなかったようだ。どうやら、キャブレターが駄目《だめ》になったらしい。いや、豪雨の中での給油でガソリンに雨水が入ってしまったのかもしれない。

スターターを廻している内に、バッテリーも上がってしまった。

もうこれまでと諦めた。一週間前に買ったばかりの新しいゴルフ道具は、トランクの中にある。未練もあるが置き去りにすることに意を決して、大切な物だけをすべて身につけて歩き始めた。

急激な増水の場合、車が浮いて流されてしまう事がよくある。車内の空気抜きのために、ハンドルを廻して四つの窓の上部を五センチほど開けてから、車を離れた。新方式の電動式なら、窓を開いておくことはできなかったでしょう。

真っ暗闇の中、道そばの「逆川《さかがわ》」の水位を透かすように見たら、今まで走って来た道路の高さまで水位は上昇しつつあった。身の危険を感じ、足早に歩いた。

雨は、引き続きの土砂降りであった。傘がないので、ずぶ濡れのまま歩き続ける。夏であったから、いったん濡れてしまえばあとは気にならない。シャワーと思えば心も大きくなる。その様子を見る人は、不思議に思うであろうが。

　十分ほど歩いたら、前方に公衆電話のボックスが見えて来た。電気は点《つ》いているから使えそうだ。しかし、すでに水の中にある。坂道から流れくる濁流《だくりゅう》が電話ボックスに当たっている。妻に電話するかしないか逡巡《しゅんじゅん》するも、不安な気持ちを払拭《ふっしょく》して、意を決してボックスの中に入り、太ももまで濁流に浸かりながら、迎えのタクシーを手配し、真岡線《もおかせん》の「茂木駅《もてぎえき》」で落ち合うこととするよう、妻に伝えた。

夜半の十一時三十分頃でした。

私の町のタクシーの営業時間は二十四時まで。しかし、運転手は、私を迎えに来てくれたのです。タクシー会社の川匂社長は、中学校時代の柔道仲間でもありました。後日談ですが、異常な雨に危惧《きぐ》を感じて、運転手たちには、早いうちに帰宅するよう指示を出していたという。にもかかわらず、一台の車だけは仕事をしてたと、うれしそうな笑顔でいったものです。ありがたいことです。

ふたたび雨の中を歩き始めると、軽の乗用車が停まっている。

目の前の道路が十五メートルほど冠水しているから、渡るべきか渡らざるべきか、その人は迷っていた。私が、ひざまで水に浸かりながら渡りきると、

「夜勤を終えて自宅に帰るのですが、先の道路どうですか。行けますか」

と、状況を教えて欲しいと言うので、

「すでに一部の道路は、冠水《かんすい》しています」

車を乗り捨てて来たことを説明し、

「これ以上行くのは、軽自動車では無理です」

といったら、私のずぶ濡れの姿を見て納得したのでしょう、

「私は会社に戻り、自宅に電話します。ところで、どこへ行くのですか」

「烏山《からすやま》に戻ります。間もなく、タクシーが茂木駅《もてぎえき》に来ることになっています」

「歩いて行くと時間がかかりますから、送りましょう」

と、いってくれた。ありがたかった。

茂木駅には誰もいなかったが、電気は点《つ》いていました。

真っ裸になって下着《したぎ》を絞っていたら、ほどなく迎えのタクシーが来た。顔見知りの岡運転手でほっとする。安心してもらいたいとの心使いから、いう。

氾濫する那珂川（烏山町）

「車は新車ですから心配ありません。でも、すごい雨ですね」

深夜にもかかわらず、またこの豪雨《ごうう》の中をよく迎えに来てくれたと感謝の気持ちで一杯でした。これで帰宅できるという安堵感《あんどかん》に浸りました。

車中、二人で談笑《だんしょう》しつつも、注意深く道路を確認しつつ帰路《きろ》についた。

場所によっては、土砂が道路にあふれ、帰路の国道は水路と化していた。

幸いだったのは、道が山腹を縫うように続いているので、車が走れなくなるほどの冠水《かんすい》と土砂の堆積物《たいせきぶつ》が無かったことである。

烏山町《からすやままち》の灯の光りが、ポツリポツリと見えはじめた。

もう一息だ。…と。「荒川《あらかわ》」の橋のたもとで車が停まる。岡運転手が、

「橋の下のギリギリの所まで水があります。危ないです。どうしますか」

と、いう。橋の長さは三〇メートルほどである。豪雨の中、車を降りて、ふたりで水位を確認する。

濁流が力強く流れるさまに、恐れを抱きつつも、

「行こう。橋の上で、エンジンが停まらないようにしてね」

「ギアは、ロウにして行きます」

数秒間のこととはいえ、橋を無事に渡り切った時には、二人で〝やった〟と手をたたいた。後日談であるが、この一〇分後に、橋は冠水し不通となったとのことですし、橋を渡ろうとした車は流され犠牲者《ぎせいしゃ》が出たとのことです。

悪戦苦闘《あくせんくとう》しながらも、無事自宅に着いた。玄関を開けたら、愛犬が直立しているではないか。不思議に思いよく見ると、玄関の中には一〇センチほどの水が侵入していたのである。こんなことは初めてで

ある。

「大洪水になる可能性があるから、十分に注意して欲しい」

と友人に伝えて、眠りに就いた。友人の家は「那珂川《なかがわ》」沿いにあったからです。

翌日、各地の河川は大洪水となった。

同　那珂川

2万人の町、濁流に孤立

街灯につかまる住民

有線TVで避難命令

茂木町の被害

土砂崩れで寸断した道路

土砂で押出された家屋

我が町を流れる那珂川は、五〇年ぶりの濁流《だくりゅう》の渦巻く大洪水となり、「小貝川《こかいがわ》」と水戸市付近の那珂川では、流水が土手を越え河川は氾濫した。

「逆川《さかがわ》」下流の茂木町《もてぎまち》の被害は、甚大《じんだい》なものだった。いくつかの小河川の合流する地に位置しているだけに、水位は一気に上昇したらしい。

地元の新聞報道によると、五日の午前一時半頃、「茂木駅《もてぎ》」の近くに住む人は、「逃げろ！」との消防団の掛け声で、跳び起きたという。

間もなく、畳が盛り上がった。

鉄砲水《てっぽうみず》だと思い必死に逃げ出し、近くの公民館へ避難したとのことである。

私が肌着を絞っていた茂木駅の水位は、二メートルにも達したという。

茂木駅を脱出したのは午前零時四十五分頃だったから、危機は迫《せま》っていたのです。もし迎えの車が来てくれなかったら、恐ろしい体験をしていたはずです。また、ガソリンを補給して下さった矢口建設の専務のご好意がなかったら、そして、茂木駅まで送ってもらえなかったら時間はよりかかったはずです。

危機迫る場所から脱出できたのは、多くの人たちの善意のお陰なのです。

その夜、いくつかの場所で土砂崩れが発生し、帰り道だった国道は、しばらく通行不能となった。通行できる道を探しつつ、妻とともに置いてきた愛車と再会したのは三日後のことである。

途中で電話した公衆電話ボックスは、濁流《だくりゅう》に押し流されて跡形《あとかた》もなかった。

しかし、愛車はその場所にあった。車の中は、流されて来た稲穂が入り込み、泥の海だった。「逆川」が増水し、車の背丈を越えた時も一時はあったのであろう。愛車は、烏山町に帰る北向きだったはずなのに、南の東京の方を向いていた。百八十度回転しているのである。しかも、車の向きは、ほぼ道路と平行である。瞬間、頭の中が白くなった。不思議である。とにかく、不思議である。神業であり、奇跡である。前面に稲穂を抱えて、たたずむ愛車は、〝神々《こうごう》しく〟見えた。手を合わせる。神を感じ、敬虔《けいけん》な気持ちで一杯であった。

北向きが南向き

愛車は稲穂の中

足を延《の》ばし、お世話になった矢口建設の専務さんにお会いし、同行した妻とともに改めてお礼を申し上げました。

その後、車で茂木駅まで送ってくれた方から電話があり、

「お陰さまで車が助かりました。無理して自宅に帰ったら、水没していまし

た。ありがとうございました」

「いえいえ、私の方こそ御礼申し上げます。危機が迫るなか、お陰さまで脱出できました」

と、申し上げた。初対面の方々でしたが、昔からの知り合いであったような気がしたものです。助け合いながら生きていくなかに、人生の生き甲斐があり、感激と楽しみも増すというものです。


さて、お話しをもとに戻します。

「大韓民国自動車産業視察団」が成田を出発したのは、一九八六年（昭和六十一年）の八月二十七日でした。貴重な体験をした三週間後のことである。

現在、台風十三号がソウル西方を通過中です。状況によっては成田空港に引き返すこともありますとの機内放送があった。団員の顔に不安な色がはしる。

強風の中、無事に金浦《キンポウ》空港に着陸したものの、飛行機は揺れに揺れた。

ソウル訪問は十五年ぶりであったが、なつかしさが込み上げて来た。

時折、強い雨と突風の吹く中を、大型バスでソウル市内を通過して行く…。ところどころに樹木が倒れている。渋滞で、バスは遅々として進まない。

やっと混雑した市内を通過して、やがてバスは南方に向かう。そんなに高くない山々が見えはじめて来た。

山々の谷筋から雲が沸き上がっている。その景色は、古里《ふるさと》の山々に似ている。逆に、大韓民国の人々も言う、

「那須地方の風景は、韓国の山々の風景に似ています」

と。しばらく走り、山あいに入るとバスが停まった。右に曲がろうとするが、道が狭くて一度では曲がり切れないらしい。バスは後退した。その時である、

「中村さん。郷里の烏山《からすやま》に戻ってしまったよ」

と、三宅副団長が言った。

瞬間、何のことか理解出来なかった。

「前に来て下さい。看板がありますよ」

との呼びかけに、前に行き、指さす方を見たら、「烏山カントリー倶楽部《くらぶ》」

という漢字が目に飛び込んで来た。

思わず息を呑《の》み、周りの団員を見廻したら、笑いと拍手が沸き起《わお》こった。

山々と那珂川は南に

我が町にも、「烏山城《からすやまじょう》カントリークラブ」という名のゴルフ場もある。我が町に戻ってしまったような錯覚に捉われた。

大韓民国で漢字の「烏山《からすやま》」の地名を発見しようとは…。

烏山컨트리倶楽部

「烏山」を、「おさん」とか「うさん」と発音する。中国語でも似た発音である。大韓民国へ行くと、

看板などは「ハングル文字」で書かれているから、我々日本人にはその意味が良く分からない。しかし、漢字なら良く分かるのです。

朝鮮王朝時代を含めて戦前まで、大韓民国でも漢字の使用が主流だったらしい。

戦後、積極的に使用し始められるようになったといわれるハングル文字は、表音文字《ひょうおんもじ》である、日本のひらがなと同じである。

平仮名だけの文章は、意味を瞬間的に捉えにくい。そんなわけで、漢字も使用するように変えつつあるという。韓国の新聞では漢字が使用されているから、少しは意味が理解できるのがうれしい。

名詞などは漢字に置き換えて、そこにハングル文字をつけ加えてみると、我々にとっても覚えやすいのかも知れません。

漢字の発音に関して言えば、大韓民国の発音と中国東北部の発音は、似ている例が多いなと感じることがある。例えば、「半島」は「バンドン」であり、「南山」は「ナムサン」である。

二、朋《とも》、遠方《えんぽう》より来たる　…素養《そよう》深き「宋哉変《ソンジェスブ》」さん

現代において、「カラス」は嫌われ者である。

風貌《ふうぼう》にかわいげが無く、真っ黒で不吉な感じがする。ゴミを漁っては散らかし人々に迷惑をかけるな

ど…。頭は極めて良いらしく、知能指数も高い。人の思惑を見事に外す知恵者でもある。

私がカラスに興味を持ったのは、私の住んでいる町の名前が「烏山町《からすやままち》」であり、昔の人がなぜ「烏《からす》」と冠《かん》したのかと疑問をもったからですし、何か、いわれがあるはずと思ったのです。

一九九〇年（平成二年）、昭和の御代から平成に変わった翌年の三月の春、「熊野本宮大社《くまのほんぐうたいしゃ》」を訪ねることになります。「本宮大社」の大鳥居《おおとりい》前に掲げられた「幢《どう》」に描かれた「金烏《きんう》（三本足の烏）」の取材に行ったのです。

本宮大社の三本足の烏
（三々九度の意味象徴か）

本宮大社

熊野三山では最も古い成立とされ、第十代崇神天皇六五年に社殿が創立とされるが定かではない。熊野十二所権現と呼ばれる十二柱の神々が祭られているが、家津美御子大神（素盞嗚大神）が主神。平安時代の宇多法皇に始まる歴代法皇・上皇・女院の熊野御幸が百余度に及んだ。

ありがたいことに、会社の仕事でお世話になった玉置良吉さんが、本宮大社の近くにある「湯峰温泉《ゆのみね》」の「あづま屋」の社長でしたし、当時、本宮町の観光協会長をなさっていたので、ご縁を頼りに、はるばる遠き道でも訪ねたのです。

その後《のち》、戴いた資料の一つが、郷土史家の故玉置良春氏の著した「熊野とカラスについての覚書《おぼえがき》」でした。その著書から、神の使いとしての役割を担い、瑞鳥《ずいちょう》として、カラスは尊重されていたらしい。いわゆる、「金烏（三本足の烏）」でして、中国の古文書にも登場し、日本では「八咫烏《やたがらす》」として、また、「熊野権現《くまのごんげん》」の神のお使いとして存在していることを知ったのです。

それ以来、とり憑《つ》かれたように金烏にこだわり、調査研究を進めて行くことになります。知り得たことを多くの人々にお話をしていたのです。

熊野（三所）権現

本宮大社の家津美御子大神、新宮の速玉大社の速玉神、那智大社の夫須美神。

権現とは、仏・菩薩が衆生を救うために、種々の身や物を権（かり）に現すことをいうが、本

地垂迹説では、仏が化身してわが国の神として現れること。
三本足の烏（八咫烏）が神のお使いとされる。

「その方」が初めて私の会社を訪問して下さったのは、一九九〇年の四月六日でした。春を迎えて桜の花が咲き始め、山々の木々は芽吹き、淡い紫から新緑に変わりつつある頃で、本宮大社を訪れて間もなくのことです。

その方とお会いすることになった日の三日前に、大阪の松下電器本社から電話がかかってきました。会社の仕事でお世話になり、ご交誼《こうぎ》をいただいていた辛島《からしま》さんの部下の方からでした。辛島さんは大分県のご出身で、「宇佐神宮《うさじんぐう》」（八幡《はちまん》神社の総本山）とご縁の深い方です。

宇佐神宮
大分県宇佐市にあり、全国八幡社の総本社で古来尊崇された。
祭神は、応神天皇・比売神・神功皇后。

「明日、中村さんに是非お会いしたいという韓国の方がいます。ご都合はどうですか」
「残念ですが、明日と明後日は予定があります。三日後でしたら、終日、空いていますが…」
と、申し上げたが、お会いすることになった。その方は、わざわざ、大阪から烏山までおいでになったのです。

工場を見学して戴いている間に、その方の会社の案内を拝見していると、素朴な疑問に捉われた。何の目的で我が社にお出でになったのだろうかと。

その方の経営する会社規模は、我が社の数倍である。しかも、大韓民国を代表する大財閥のひとつである金星グループ（ＬＧ）系列の有力企業だったからです。

会社視察の対象としては我が社は適当ではないな、と思っていると、丸顔に笑みを浮かべて、その方は私の部屋に入って来られて、
「宋哉変《ソンジェスブ》です。初めてお目にかかります。貴方《あなた》に会いたくて来ました。帰国予定を変更して、二日待ちました。会えてうれしいです。韓国の烏山にお出でになったそうですね。

カラスの研究家であることは、松山さんと辛島さんから聞きました。

これからは、私に連絡してから韓国に来て下さい。歓迎します。

私の会社は、烏山《オサン》市の隣町にあります」

初対面なのに、その親しげなお話しぶりと流暢《りゅうちょう》な日本語に、私はびっくりしてしまいました。私は申し上げました。

「日韓両国の過去には、不幸な時代がありました。私たちの世代《せだい》ではないとはいうものの、日本民族のひとりとして、陳謝致《ちんしゃ》します」

と頭を下げた。なぜか分からない。自然に発した言葉でした。

宋さんの顔が、より明るい顔に変わったように思えた。

何かが通じたと思い、うれしかった。握手《あくしゅ》をした。お互いに力強い握手だった。握手の強さ加減から、その時の心情をお互いに分かるものです。

仕事関係のお話をしても関心を示さない。烏山《オサン》の話題が中心となり、大韓民国の文化や歴史の話になってしまう。話の中で英語も使う。〝素養《そよう》深き人〟と思った。場所を変えて、ゆっくり語り合いたくなり、

「今日の午後は、休暇をもらうよ。重要な用件があったら電話しなさい」

と社員に伝え、宋さんを自宅にご案内した。

明治四十三年（一九一〇年）生まれの、当時八十才になる母を紹介すると、宋さんのお母さんも同じ年だという。偶然なこととはいえ、親近感《しんきんかん》が増す。

洋酒の「ヘネシーＸＯ」の封を切り、母の作ってくれたつまみで、ふたりは飲み始めた。日本料理も好きだし、ヘネシーＸＯは特に好きだという。よかった。

この時以来、ふたりが相互にそれぞれの国で再会する時は、このＸＯをお土産にすることが慣例となりました。この日の感激を忘れないために。

話は尽きなかった…。

ヘネシーの味もまた一味《ひとあじ》違う。久しぶりにうまい酒でした。

「宋さん、今日は私の家に泊まって下さい。飲み明かしましょう」

父の十三回忌の時に造った桧風呂《ひのきぶろ》に入って戴き、浴衣《ゆかた》に着替えて戴いた。

日本人と見まちがえるがごとく浴衣が似合った。

四年前の一九八六年に「大韓民国の烏山《オサン》」を発見したいきさつ、一九八九年の四月には、「烏山市役所」を訪問したこと、来年の一九九一年の十一月三

日本カラスフォーラム
イン烏山　開会式

日の文化の日には、我が烏山町で、世界初の「日本カラスフォーラム」を開催して、あまり世に知られていない「烏の賢《かしこ》さ」と「烏は神様のお使いです」という文化的宗教性について論議《ろんぎ》を尽くすことになっていることをお話した。

特に説明したのが、私の研究テーマである「金烏（三本足の烏）」のことでした。

「韓国大邱《テグ》の北方に、金烏山《キムオサン》という山があり、公園になっています」

と申し上げたら、大変な興味を示された。

「ところで、宋さんにお願いがあるのですが。初対面で申し訳ないけど…」

と切り出した。

「実は、母と妻と私の３人でソウルへ観光に行こうと、今年の正月に決めて、飛行機のチケットは確保したのです。

しかし、ホテルが取れないのです。うっかりしてました。

ホテルを見つけて戴けませんか。

チケットをキャンセルしようかと迷っているのです」

「いつですか」

「取れないはずです。

連休の五月一日に成田発で、五月四日にソウル発の日程なんです」

「キャンセルしないで下さい。

明日ソウルに帰りますから、必ず見つけて連絡します」

宋さんが帰国して、二日後ファックスが入った。

「ホテルは予約できました。安心して下さい。

詳しい日程を連絡して下さい。私の車で案内します。」

そのファックスを母に見せると、母は喜んで、

「いい人と知り合って良かったですね。旅行を楽しみにしています」

その年の元旦、私は母に提案していた。

「今年の五月の連休には、韓国旅行をしませんか。

お婆《ばあ》ちゃんと私と幸子（妻）の三人で」

と。

母七十七才の古希《こき》のお祝いは、兄弟姉妹の夫婦が連れ立って、香港と中国の深圳《しんせん》へ旅行しました。しかし、父の亡くなった後の十五年間、母と妻と私の三人だけで旅行したことは、それまで一度もなかったのです。

母はちょうど満八十才となるし、私たち夫婦にとって、銀婚式《ぎんこんしき》の年に当たり、結婚二十五周年という記念すべき年でもあったからです。同じ屋根の下で生活してきた三人だけで、水入《みずい》らずの旅行をしてみたかったのです。

宋《ソン》さんが、「金烏《きんう》」を調査している私に強い関心をもってくれたからお会いすることができましたし、旅行も実現することとなった。烏山という地名のお陰《かげ》とはいいながらも不思議な気がした。宋さんは「神さまのお使い」と思ったものです。

三、母八十才のお祝いとソウル観光　…尊敬する母と妻と共に

（一）ソウルの国立中央博物館　…建物に憂いあり

午後発の大韓航空で、成田の三十三番ゲートから出発した。「三」という数字は縁起《えんぎ》が良いから、出だしから〝ついている〟と思った。

空港出口で、笑みをたたえながら、宋さんが出迎えてくれた。

宋さんの運転でホテルに着き、チェックインの手続きをして戴いている間、椅子で休んでいると、

「おかしいよな…。

予約しておいたはずなのに、満室で泊まれませんというんだから」

と、ぶつぶついっている三人の日本人がいる。

私たちも三人である。もしかして、私たちと入れ替えになったのではないかと少なからず動揺した。

しかし、案内された部屋は特別室であった。

豪華な応接セットが置かれ、真っ赤なガーベラと榊《さかき》を入れた大きな壷が置いてあった。生け花に榊《さかき》が添えてあるのは珍しい。儒教の伝統なのだろうか。日本の神道でも、献花《けんか》は榊です。

生け花の中央に、メッセージと名刺が置いてある。

「心から歓迎します。何でもお申し付け下さい」

名刺には代表取締役副社長の肩書のほか、「民主平和統一政策諮問《しもん》会議諮問委員」と記されている。同じ民族でありながら、北緯三十八度線を挟み、大韓民国と朝鮮民主主義人民共和国という二つの国が現在でも存在する。〝民主平和統一〟に懸命に努力している人たちがいることを初めて知り、しんみりとした気分になったものです。副社長は、宋さんの親友とのことでした。

「国立中央博物館」は、一九一〇年の日韓併合から一九四五年の太平洋戦争終結まで、朝鮮総督府《ちょうせんそうとくふ》として使用された建物です。大韓民国の人々

旧国立中央博物館ホール

から見れば、「日帝（日本帝国主義）」を象徴する、忌《い》まわしき建物であった。朝鮮王朝時代の正殿であった「景福宮《キョンボククン》」と、その正門であった「光化門《カンハムン》」の中間に位置していたからです。

建物の一階は、中心部が吹き抜けになっていた。天井を見るとドームになっていて、バチカン市国の「サンピエトロ寺院」のドームを彷彿《ほうふつ》とさせられた。西洋建築であるから大理石を使用していたが、建築以来八十年以上経ってもしっかりした建物でした。緻密《ちみつ》で立派な建物を造った、先人の素晴らしさに頭が下がる思いであった。

二階に上って行くと、先史時代から統一新羅時代までの文化遺産が展示されていた。特に印象深かったのは、後期石器時代の「磨製《ませい》石器」の精緻さと美しさでした。これほどの石器を見たのは初めてである。

次に驚いたのは「瓶棺《かめかん》」であった。北九州の吉野ケ里遺跡から発見された瓶棺と形状が極めて似ている。宋さんが、

「これは、もう一度生まれ変わってきたいという願いを込めて、繭《まゆ》の形に造ってあるのです」

と、説明してくれる。

さもありなん、かたちは楕円形《だえんけい》の繭形《まゆがた》であり、色も黄土色である。肉厚も薄く、古代のハイテク製品

だと思った。

三階は高麗《こうらい》時代の青磁器《せいじき》と朝鮮王朝時代の白磁器《はくじき》と金属工芸品が展示されていた。やはり、どれも逸品でした。

古代における日韓関係は、政治的にも文化的にもその根は深く広い。天武朝《てんむちょう》に編纂《へんさん》され始めた「日本書紀《にほんしょき》」の記述をもってすれば、かなりの部分で朝鮮半島文化の影響を受けているといって良い。すべてが正しいとはいい難《がた》い点もありますが、事実のことも多いのです。

その後、この中央博物館の建物は、賛否両論があったものの、一九九六年に取り壊《こわ》されたのです。朝鮮王朝初代の「李成桂《リスンケ》」によって造営された景福宮は、光化門を前にする本来の姿に戻ったのです。

瓶棺（美しき工芸品）

八十才になっても、母は極《きわ》めて元気であり行動的である。
昨夜食べたウナギ料理のお陰かも知れない。父の好物《こうぶつ》であった。〝尻尾《しっぽ》のほうを食べると元気が出ますよ〟と宋さんに盛んに勧められ、おいしそうに食べていたからです。
一番おいしいものは、まず先輩から箸《はし》をつけ、そのあとで、若い人が食べる習慣は韓国の伝統である。

タバコも、先輩の許可を戴いてから吸う。それも、横に向いて吸うのです。正面に向かって吸ったら、無礼《ぶれい》な奴と思われる。儒教《じゅきょう》の伝統は生きているのです。

母は、みずからお土産《みやげ》店に入って行く。ふたりの姉妹がいました。宋《そう》さんの通訳で、値引き交渉が始まる。

「サービス、サービス」

と、母はいいつつ、大韓民国の夫婦《めおと》人形を買い占め、棚ひとつが空っぽになる。

「そんなにたくさん買って、どうするんですか」

「あなたがた七人兄弟姉妹の夫婦へのお土産です。結婚式の服装をしていて、御目出たいから買います」

止めても聞かない。そういう母である。年をとるにつれて頑固《がんこ》にもなる。

買い物上手で…

烏山橋（一九九〇年）

「お母さん、買い物とても上手ね…」

と、お店の姉妹にほめられて、母は大笑いしつつも満足気である。

帰りの荷物が多くなりそうだ。先が思いやられるが、まあ、いいやと思う。

その日は寒かった。トウモロコシの暖かいお茶を御馳走《ごちそう》になりながら、四十五才前後の年齢であろう姉妹と談笑する母は、ごきげんであった。しぐさと顔立ちが似ていて面白い。姪《めい》っ子と叔母が話し合っているような雰囲気でした。

宋さんは、うれしそうに笑いつつ、その場のやりとりを見ていた。

(二) 大韓民国の「烏山」訪問　…ある伝説

ソウル市内から高速道路を南に向かい、五十キロほど走ると、「烏山《オサン》」のインターチェンジの標識が見えてきた。降りて二十分ほど走ると、「(株) 元祐機械《ウオンウキゲ》」という会社に着いた。烏山市に隣接する平沢郡にある。

宋さんが常務として、経営に参画してきた会社である。従業員数は約三百人の中堅企業で、設立は一九八六年七月である。翌八月、私は大韓民国で烏山を発見しているので、ご縁《えん》を感じたものです。

VTR用の板金《ばんきん》製のインサーターアッシイと精密加工部品を生産していた。VTRの需要が世界的に増加し始めた時である。しかし、日本の独壇場であったものが、韓国製品にそのシェアを取られ始めた時でした。日本企業は、その対策として、マレーシアとシンガポールに生産拠点を移し始めていました。製造コストからみると、日本で生産していては、太刀打《たちう》ちできにくくなっていたのです。日本空洞化のはしりです。

工場見学を済ませたのち、執務室に案内されました。

「ところで、宋さん

民主化政策が浸透するなか、二、三年前から組合活動が先鋭化して、日系企業が随分《ずいぶん》と苛《いじ》められたような印象が強いのですが…。

外資系企業だけなのですか、その対象は」

と問うと、宋さんは窓際《まどぎわ》に歩いて行き、外の景色《けしき》を見つつ、しばらく黙したままだった。そばに戻って来て、

「日本をはじめとする外資系企業だけではありません。

労働争議《ろうどうそうぎ》では、私もずいぶんと苛《いじ》められ苦しみました。

人間不信《にんげんふしん》に陥《おちい》ったことがあります。

会社を辞めようかと思ったことも何度かあります」

しばし、沈黙《ちんもく》の時が流れた。

「人として、辛《つら》かったことが理解できます」

と申し上げたものの、発言に配慮《はいりょ》のない自分が、軽く思われた。

「さあ、親戚の烏山へ行きましょう」

と、いつもの笑みを取り戻して、宋さんがいう。

「烏山市《オサン》」のほぼ中央を流れる「烏山川」に、「烏山橋」は架かっている。市ではあるが、町並みと周囲の景色は田園的《でんえんてき》であり、親しみを感じる。

名称が漢字で記されているから、誰でもよく理解できる。

母は、笑っていう、

「何ですか、これは…。烏山《からすやま》ですね。日本の烏山と同じですね。不思議なことがあるものですね」

一九八六年の夏、大韓民国に「烏山」がある事を知ってのち、三年たった一九八九年四月、我が町の若手経営者たちと「烏山市役所」を訪問したことがある。

この年の一月一日は、烏山邑《オサンむら》から市に昇格した時であった。偶然であるが、お祝いに駆けつけたような気分でした。

市役所の観光課の方が、丁寧に応対してくれたので、

「烏山の地名発祥《はっしょう》の由来《ゆらい》は、どんな風にいわれていますか」

と、問うと、

「まずは、カラスが多いからという説があります。

次には、古き時代から地名があったという説もあります。

そして、伝説なのですが、日本のお友達との関係という話もあります。

十七世紀のことだそうです」

と、いう。当時、日本は鎖国時代だったから、オランダと中国以外の国との接点はなかったはずである。

「朝鮮通信使《ちょうせんつうしんし》」のことが、ふうっと脳裏《のうり》をよぎる。江戸時代、徳川幕府の将軍が代わった時には、慶賀と両国の平和友好のために、李朝朝鮮国から使節が来ていたのである。十二回にも及ぶが、三回は「日光東照宮」まで来ていたのです。江戸時代の「烏山藩《からすやまはん》」の藩主と、何らかの親善交流があったのかも知れない。興味がそそられ、必ずその謎を解《と》こうと思ったものです。

(三)「洗馬台《セマテ》」での逸話《いつわ》…「小西行長《こにしゆきなが》」の敗退

烏山市を離れて田舎道に入り、小さな川沿いを車は走る。

春さきの五月とはいえ、北国のソウル近辺では気温はまだ寒冷であるから、道端《みちばた》の木々にはまだ緑は少ない。

…と。前方に、三、四十人の歩く集団が見えて来た。幟《のぼり》を立て、太鼓《たいこ》を叩きながら歩いている。ゆっくりではない、結構、足早である。

「宋さん、どんな人たちなのですか」

と、問うと、

「南北朝鮮平和統一の会の人たちです。休日には歩き、全国を行脚《あんぎゃ》しているのです。戦後、朝鮮半島は南北に分断《ぶんだん》され、そのために生じた離散《りさん》家族も多いのです。平和的な方法で統一したいのが、民族の悲願なのです」

何という巡り合わせなのだろうか。私たちが泊まっているホテルの副社長の肩書《かたがき》は、民主平和統一政策諮問会議諮問委員でした。

その人たちの前に車は出る…。平和の中で統一に成功することを願いつつ、心の中で手を合わせた。

「洗馬台《セマテ》」に向かって、車は細い山道を登り始める。

ここで降りましょうと言われて、頂上にあるお寺の手前三百メートル位の所から歩き始めた。私は先に登り、三人の写真を撮ることにする。

「この山は古い時代から、戦争となると必ず争奪《そうだつ》の場となった所です。

戦略的に大事な場所なのです。

秀吉軍が朝鮮国を侵略した時もそうですし、一九五〇年に始まった朝鮮戦争の時もそうでした。

最初に秀吉軍が攻めて来たのは、一五九二年です。大韓民国では年号から、壬辰倭乱《イムチンワラン》（日本では文禄の役）といいます。

第二回目の一五九七年の戦争を、丁酉倭乱《チョンユウワラン》（日本では慶長《けいちょう》の役《えき》）といいます。

古い時代から、ここには、禿城山城《トクドサンソン》という城がありました。

朝鮮軍は、ここに立て籠《こ》もり倭軍を迎え打ちます。

秀吉軍の大将であった小西行長《こにしゆきなが》は、ここを包囲し兵糧《ひょうろう》攻めにしようとしましたが、朝鮮軍は一計を案じ、実行します。

それは、馬の背中からお米を落とし、さも、馬を洗っているかの如く見せたのです。お米は白いですから、遠くからでは、水のように見えたのでしょう。

小西行長

堺の商人の出。豊臣家の重臣として文禄の役で先鋒を務む。

加藤清正、福島政則などの武闘派から反発を買う。

一六〇〇年の関ヶ原の戦では、石田三成に与して敗れ刑死。キリシタン教徒で和平派。

洗馬台の故事
米にて馬を洗う

표지/세마대첩 기록화

宝積寺

洗馬台から烏山市を望む

馬を洗うほどの豊富な水があっては、攻略に時間がかかると思った行長は、押さえの軍をおいて、ソウル攻略に向かいました。

ソウルを守備していた朝鮮軍と山城にいた軍の挟み打ちにあって、小西軍は敗退します。その故事にちなんで、人々は、ここにあるお寺を洗馬台というようになったのです」

と、宋さんは、淡々と説明してくれた。

宋さんはなぜここに私たちを案内したのだろうか。朝鮮国時代の人々の戦勝記念の場所ですよ、と誇《ほこ》らしげに言いたかったのではないはずです。

日韓の過去の歴史には、忌まわしく辛いことが多いが、先人たちが戦った歴史的なこの場所で、より良き両国の将来を考えてみませんか、との問題提起をしてみたかったのだと思います。

眼下《がんか》に山あいの村落《そんらく》、そして、かなたに京畿《けいき》平野が広がる。水原《スオン》と烏山《オサン》も一望できるのである。生活は貧しくても、平和な時代が続く方がいい。いつの時代にあっても、われわれ庶民の共通の願いである。

古代、仁徳《にんとく》天皇は山に上り、お米を炊《た》く煙が家々から立ち昇るのを見て、民は安らかなりといったそうであるが、為政者《いせいしゃ》の鏡といっていいでしょう。

洗馬台にある「宝積寺《ほうしゃくじ》」の境内《けいだい》に入ると、人気《ひとけ》が感じられない。建物も大きくはありませんでした。

本来は修行《しゅぎょう》の場であり、信仰の場所であるから、ふだんは人はいないようである。五月三日であった

が、色とりどりの花の形をした提灯《ちょうちん》が飾られている。これは何のために飾ってあるのですか、と問うと、

「お釈迦《しゃか》様の誕生日のお祝いです」

宝積寺

宝積の宝とは、積善（お布施など）のことです。

京都府大山崎町の天王山宝積寺（通称宝寺）、横浜市保土ケ谷には明王山宝積寺などがある。

ああそうか、四月八日の「花祭《はなまつ》り」だと思った。旧暦《きゅうれき》で、お釈迦様の誕生日をお祝いしているから、太陽暦では五月になるのです。

旧暦でのお祭りを、新暦の日々に変えて祝っているのは、東洋では日本だけである。現代の日本人は何の不思議も感じていないが、東洋系の国々の人々からみると、日本は摩訶《まか》不思議な国と思っているかもしれない。

明治五年、明治政府は、西欧の「太陽暦」の採用を決めた。

しかし、太平洋戦争の終戦までの日本人は、「陰暦《いんれき》」を使い日々を暮らしていました。正月を迎えるのも、旧正月が主流でした。陰暦は、「農業暦」として便利であったからです。

本堂に入ると、正面に三尊《さんぞん》が祭壇に座して居て、壁にはお釈迦様と諸仏、そして、左右の壁には羅漢図《らかんず》が描かれている。

母、私、妻と、それぞれが手を合わせた。母と妻はどんなことをお祈りしたのであろうか。四百余年前の戦いで、数多くの若者たちがここで戦死しているはずである。なかには妻子のいた人もあったはずです。ご冥福《めいふく》を祈った。こうして、親子でまた夫婦で海外旅行ができて、ここに来ている幸せに感謝した。平和な時代が続くことと、大韓民国と日本の友好が進展していくことを祈ったのです。

(四) 韓国民族村での出来事　…わっと逃げた子供たち

京釜《キョンフ》高速国道の水原《スオン》インターチェンジの近くに「韓国民族村」はある。ソウル南方約五十キロである。敷地は約三十万坪あり、小さな渓流《けいりゅう》を挟んだ盆地に、三百余の古い建物が移築され、働いている人々の民族衣装は、すべて朝鮮王朝時代のものである。

女性たちの赤、黄、ピンクと色さまざまのチマチョゴリが艶やかであり、男性たちは白い韓服ずくめで、素朴な田園風景が広がる。

中部の展示域には、上流農家（日本で言えば庄屋）の建物があり、立派な門構《もんがま》えである。中央門の両側に脇門を連ねた、いわゆる「三門」である。その前で、社会科の校外授業なのであろうか、小学校五年生くらいの子供たちに出会う。

工房《こうぼう》、水車小屋、そして、茅葺《かやぶ》きの民家、昔の日本の懐かしき農村風景を思い出す…。展示されている農具を見つつ、母は、宋さんに昔の日本農家の状況を説明している。

韓国民族村のパンフレット

小学生の歴史見学

昔の日本の農家を説明

農家の軒下には、宝積寺《ほうしゃくじ》で見た、お釈迦様の誕生をお祝いする「花の提灯《ちょうちん》」が飾られている。家々でもお祭りしたのであろうか。

朝鮮王朝時代の結婚式の礼服を用意し、観光記念のための写真店があった。

通り過ぎようとしたら、

「中村さん、撮《と》りなさいよ。

今年は、結婚二十五周年の記念の年でしょう…」

と、宋さんに勧《すす》められる。昨日が、二十五回目の結婚記念日でした。

撮《と》り終わると、さきほど会った小学生たちが寄って来て、

「おめでとう。おめでとう」

といいながら、握手を求められた。

私と妻は、こよなくうれしい気分に浸《ひた》っていると、

「日本人《イルボンイン》ですよ」

と、宋さんがいうと、とたんに、子供たちは〝ワー〟と言って離れて行った。

大韓民国の人と見間違えられたこと、新婚さんと思われたことはうれしかった。私たちは、年よりも若く見られたのだから…。

しかし、なぜ子供たちは逃げてしまったのだと、複雑な思いに捉われた。

子供たちが悪さをすると、「キヨマサ（加藤清正）が来るよ」といって躾《しつけ》をした時代もあったそうであるから、「日本人」は「鬼」だとの印象を持っていたのかも知れない。いや、そうではない。私たちを大韓民国の人と間違えたことへの恥ずかしさから出た行動なのかもしれない。

大韓民国での歴史教育の実態を少しは知っていただけに、複雑かつ淋しい心持ちになったのは否《いな》めなかった。しかし、次々と祝ってくれた、小学生たちの純真な気持ちだけは忘れまいと心に誓ったものです。

農楽の舞

(五)「孝道《こうどう》」ということ　…薄れつつあるというものの

帰国する前夜は、ステーキハウス「麒麟《きりん》」での晩餐会《ばんさんかい》であった。目の前でシェフが作ってくれる料理を楽しみながら、酒を酌み交わした。

宋さんがいう、

「今までに沢山の日本人が韓国を訪れていますが、中村さんのように、お母さんと奥さんを連れて来た人は、初めてではないでしょうか。

こんな組み合わせで韓国に来た人は珍しいですよ。

先月、中村さんのご自宅に泊まり、ご家庭の様子も良く分かりました。ご縁ができ、ソウル市内と韓国の鳥山をご案内しうれしく思っています」

「本当にありがとうございました。

お陰様で、楽しくもあり、とても意義深い旅となりました」

と、三人でお礼を申し上げた。

帰国の日は、朝から雨でした。

三人の三泊分のホテル代を支払おうとすると、

「すでに、会計は済んでいます」

と、宋さんがいう。びっくりして、

「そこまでして頂いたら困ります。私たちが負担することですから」

談笑する母と宋さん

と、いっても、

「いいんです。今回はお任《まか》せ下さい。我が社の社長が、感激していましてね。ホテル代金は会社で払うことになったのです」

と、にこにこしている。戸惑《とまど》ったが、お言葉に甘えることにした。

金浦《キンポウ》空港に向かう車中で、宋さんがいう。

「大韓民国は、文化的にも政治的にも、儒教の影響を強く受けてきました。今でも日常生活の中に生きている習慣もありますが、経済成長とともに、少しずつその伝統が薄れつつあります。

今回、皆さんとご一緒させて頂きましたが、改めて、孝道《こうどう》ということを考えさせられた日々でした。

社長も私も、その点で、あなたがたに感銘を受け、共感するところが大きいのです」

宋さんは、ご自身のお母さんに孝行を尽くすような気持ちで、私の母を案内してくれていたのかも知れない。ホテル代を全額負担してくれたのも、私の母に喜んでもらえたら一番いい、と思っていたのではなかろうか。

儒教《じゅきょう》とは、「孔子《こうし》」を祖とする。「四書五経《ししょごきょう》」とは、次の書物をいいます。

四書とは、「礼記《らいき》」の中の大学《だいがく》・中庸《ちゅうよう》の二編と、「論語《ろんご》」と「孟子《もうし》」をいう。

五経とは、易経《えききょう》・書経《しょきょう》・詩経《しきょう》・礼経《らいきょう》・春秋《しゅんじゅう》のことをいう。ついでに紹介しますと、「五教」なる、人として守るべき五箇条がある。父子親（血縁）あり、君臣義あり、夫婦別あり、長幼序（順序）あり、朋・信ありの五つである。

父の四十九日法要を済ませたその夜、私は妻にこう言った。

「母は独《ひと》りぽっちになってしまった。

母と私が、仕事のことで口論するような時があったら、これからは、必ず母の味方になって欲しい。

私が考え直すから」

父の十三回忌の法要には、高齢の叔父《おじ》と叔母《おば》たちと従兄弟《いとこ》たちが、大勢集まってくれました。母を慰めたいという暖かいお気持ちからでした。母が色々とお世話をし、何かと面倒をみてきた人々でもあったのです。

皆さんが帰った後の夜、母の肩をたたき、背中を指圧《しあつ》してあげた。幼き頃は、兄弟姉妹が交代で肩をたたいてあげたものだ。その頃以来である。

背筋《せすじ》がＳ字型に曲がっているのに気がついた。年とともに背丈《せたけ》が低くなったのも、子供たちのために、身を粉《こ》にして働いてきたからだと思ったら、目に涙があふれてきて止まらなくなってしまった。

「どうしたんですか」

と、母は怪訝《けげん》そうな顔をしていたが、私は黙っていました。この時から、私は母のことを「私の母は神様です」と人にいうようになったのです。

「親孝行とは、持ち回りですね」

と、自分の父母に対してやってあげた親孝行の話をするたびに、母はいうのです。

近頃、中国のテレビで放映されるシーンがある。

ある母親が、かわいい自分の子供の足を温水《おんすい》で洗ってあげたあと、自分の義母《ぎぼ》の足も洗ってあげる。それをかいま見ていた幼い子供は、自分で温水を汲《く》み、母の足を洗ってあげるのである。それぞれが笑顔の幸せな家庭である…。

四、ふたりの日光東照宮《にっこうとうしょうぐう》（世界文化遺産）…朝鮮通信使《ちょうせんつうしんし》と徳川幕府の平和への願い

三カ月後の一九九〇年の七月、宋さんは再度来日した。ソウルでお世話になったお礼にと、「日光見物」にご招待したのでした。

宋《そう》さんから戴いたお土産は、ヘネシーXOと瓢箪《ひょうたん》（ふくべ）に描かれた「達磨図《だるまず》」でした。韓国でも瓢箪は栽培しているのであろう、直径三〇センチほどの表面に、焼きゴテで達磨図が画かれていたので

ある。

宋さんは、栃木県の特産品を知っていたのだろうか。寿司に使う干瓢《かんぴょう》は、栃木県の名産品である。一方、瓢箪の表皮の部分を半割りにして乾燥させ、その表面に絵を書いてお土産品《みやげひん》としている。瓢箪の偶然の一致に、強い絆《きずな》を感じる。

宋さんの奥さんの手に成る作品であった。奥さんが、「コテ絵」を得意にしていると、韓国民族村で言っていた事を思い出した。お土産にと、母が「コテ絵」を買おうとした時に、後で送りますよ、といっていたのです。

瓢箪（ふくべ）の達磨図

どこかで見た図柄である…。

「覚えていますか。あの本から模写《もしゃ》したものです」

と、いつものように、にこにこしながら宋さんがいう。

私はうなずいて、ヘネシーで乾杯した。もちろん、母も妻も一緒である。

ソウルの国立中央博物館で、買い求めたのが「韓日交流二千年」という本で、一冊は宋さんが、もう一冊は私が保管することにしたのです。その本の中に、一六三六年の江戸時代に来朝《らいちょう》した「金明国《キムミョンクック》」という当代随一の有名な画家が書いた達磨図《だるまず》があったのである。その図柄なのでした。

朝鮮通信使の行路（京都文化博物館提供）

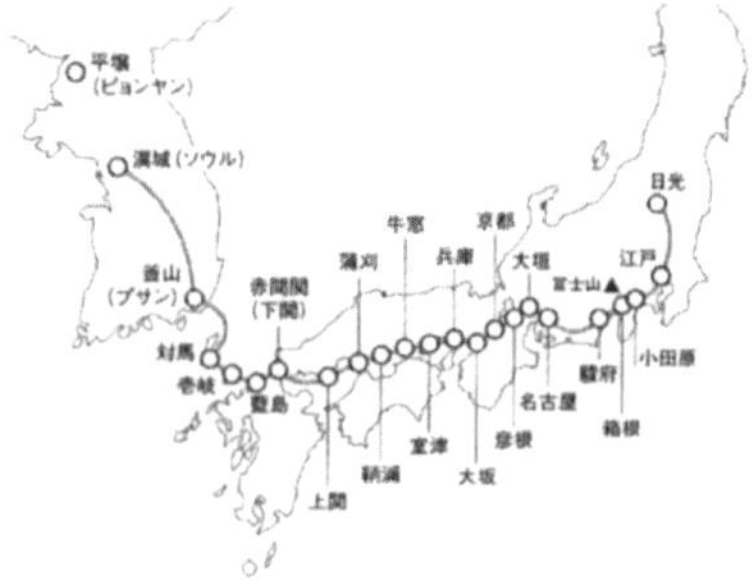

「韓日交流二千年」という本は、一九八四年九月一日に初版発行され、編集に関与した人々はすべて大韓民国の人であり、出版社はパジュ市の悦話堂（代表李起雄氏）である。韓日友好の歴史を記したものです。

巻頭《かんとう》の言葉として、次のように述べられている。

韓国と日本は一衣帯水《いちいたいすい》の隣国であるばかりでなく、歴史や文化の上で、どの国よりも深く関わりあって来た。

隣りの国同士であるため、数千年にわたる両国の関係において、波風の立つこともあった。蒙古襲来《もうこしゅうらい》とか、倭寇《わこう》、豊臣秀吉の侵略と今世紀の植民地支配がそれである。しかし、そのつど戦後処理が正しくなされ、善隣関係が回復するのである。たとえば、室町時代に倭寇が鎮《しず》まると、百六十年余のあいだ、足利幕府と朝鮮王朝政府は、互いに親善の使節を交換し、経済・文化の上でも密接な関係を維持《いじ》した。

その善隣友好《ぜんりんゆうこう》関係を踏みにじったのが豊臣秀吉であって、日本軍はかつての日本使節の上京路《じょうきょうろ》をたどって、二十日で都の漢陽《ハンヤン》を陥し、深い傷を残した。

戦後処理にけじめをつけたのは、徳川家康と二代将軍秀忠であって、彼らの示した誠意は、朝鮮王朝政府の不信感を和らげ、両国の国交は回復した。

両国の善隣友好関係を象徴するのが、十二回にのぼった「通信使《つうしんし》」の往来である。徳川幕府は、将軍一代の盛儀《せいぎ》としてこれを重んじ、今日では想像もつかないほどの歓迎陣を準備した。また、「通信使」の泊まる使館《しかん》には、各藩の文人や医者、画家が馳せ参じ、華やかな交歓が繰り広げられた。そうして、幕末までの二百六十年間、両国は平和な時代を送ったのである。

二千年間を通じて両国の間では、平和な友好関係の時代の方がはるかに長く、経済・文化の上でも互いに助け合いながら歩んで来た。

古代は言うまでもないが、室町時代の「木綿と銅」、江戸時代の「人蔘《にんじん》と銀」は、両国を結ぶ太い絆《きずな》であった。茶が韓半島から伝わり、今日の韓国人の食生活に欠かせない唐辛子が、日本から伝わったことも忘れられない史実である。


ここ十年、朝鮮通信使に対する関心が高まってきていると思う一人です。

京都と福岡で「朝鮮通信使展」が開催されるに際して、「こころの交流　朝鮮通信使」…江戸時代から二十一世紀へのメッセージ…という本が、二〇〇一年四月に刊行された。重要な部分を次にご紹介します。

上田正昭《うえだまさあき》京都大学名誉教授は、「善隣友好の史脈《しみゃく》」の中で、通信使の目的、行路《こうろ》と編成《へんせい》、民際交流の輝きなどについて述べられている。そして、「誠信の交わり」との表題で、「雨森芳洲《あめのもりほうしゅう》」が六十一才の時に著した「交隣提醒《こうりんていせい》」について紹介している。

江戸時代初期からの両国の通交のありようを顧《かえり》みて、五十二項目にわたっての朝鮮外交の基本的な心構えを述べた著書は、卓説《たくせつ》に満ちていると。

芳洲はいう。

「朝鮮交接の儀は、第一人情事勢を知り候事肝要ニ而候」

と、書き出して、彼を知り己を知る事の必要性を力説している。なかでも、

雨森芳洲

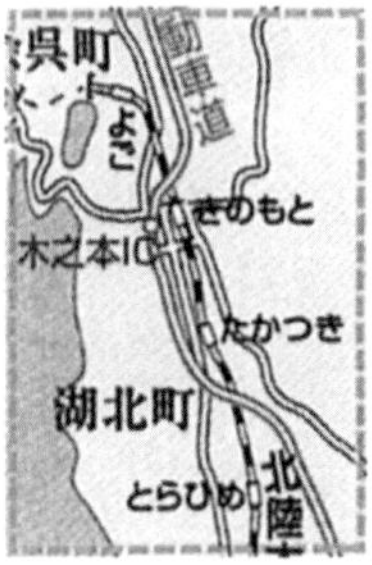

高月町　芳洲誕生の地。大韓民国の修学旅行の学生が訪れる

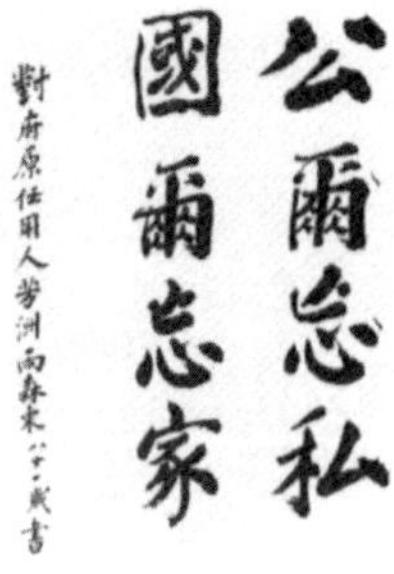

芳洲八十一歳の書

公のため爾々私を忘る
国のため爾々家を忘る

「誠信《せいしん》之交（まじわり）と申事、人々申事ニ候へども多（おおく）ハ字義を分明に不仕有之候」

と、指摘して、

「誠信と申候ハ実意と申事ニて、互に不欺不争《ふぎふそう》、実をもって交り候を誠信と申候」

と、述べている。

高月町大字渡岸寺
向源寺の十一面観音立像
優しいほほ笑み（国宝）

上田教授は、初めてこの一説を読んで、思わず胸が熱くなったといいます。

つけ加えて、和漢《わかん》の学を極め、「誠信の交わり」を実行した芳洲は、優れた思想家であり外交家だったと誉めておられる。

八代将軍吉宗公の将軍襲職を慶祝するために来朝した、第九回朝鮮通信使の製述官《せいじゅつかん》であった「申維翰《シンイハン》」が、芳洲をさして、

「よく三国音（日本、朝鮮、中国の語音）に通じ、よく百家《ひゃくか》の書を弁じ、その方訳《ほうやく》（日本語訳）における異同《いどう》、文字の難易《なんい》を知り、おのずから涇渭《けいい》の分あり（清濁《せいだく》の分別あり）」

と評し、また、

「よく漢語に通じ、詩文を解読する日東の翹楚《ぎょうそ》（抜群の人）」

と、褒《ほ》めたたえているのである。

特別行事としての通信使の「日光参詣《さんけい》」は、一六三六年（第四回、日光山遊覧）と一六四三年（第五回、日光山致祭）と一六五五年（大猷院霊廟《だいゆういんれいびょう》致祭）の三回実現されたのは、幕府の権威《けんい》を内外に誇示する試みでもあった。

勝道上人像

夏の早朝、宗さんと二人で烏山町を出発した。快晴の日であった。

「日光見ずして結構と言うなかれ」という譬《たと》えがあるように、日光の建物と絵画と彫刻は壮麗《そうれい》にして華麗《かれい》である。しかも、精緻《せいち》である。

徳川家康公を祭った東照宮と日光二荒神社を二社と称し、三仏堂と大猷院を含めた輪王寺《りんのうじ》を一寺と称して、「二社一寺」が日光山の全容です。一九九九年十二月、東日本で初めて「世界文化遺産」の指定を受けた。

輪王寺の三仏堂《さんぶつどう》は、朝日に映《は》えて壮大かつ重厚である。

宋さんに説明する。

「日光という地を見いだし、世に広めたのは勝道上人《しょうどうしょうにん》といわれる方です。

四本竜寺を、七六六年に造ったのが始まりといいますから、一二〇〇年の歴史があることになります。男体山《なんたいさん》を補陀落浄土《ふだらくじょうど》と思ったそうですから、その当時、信仰に神や仏の区別もなく、山岳信仰、神道と仏教とが混在していました。

柔軟性があるというか、何でも包含《ほうがん》してしまうというか、日本人の一つの特徴です。

この三仏堂は、仏様を祀ってありますが、これから見る東照宮は、家康公を神として祀った所です。

日光には仏様と神様が一体となって存在するのです。

日本人は困った時には、神様、仏様と両方にお祈りします」

右脇から本陣に入ると、台座から後背の頂上まで約八メートルもある御本尊が目に飛び込んでくる。台座より低い見学路から見上げるから、その壮大さに圧倒され、薄暗い部屋の中で金色に輝くお姿は神々しい。

千手観音《せんじゅかんのん》、阿弥陀如来《あみだにょらい》、馬頭観音《ばとうかんのん》の三体の本地仏《ほちぶつ》が安置されているが、それぞれが、男体山（大己貴命《おおなむちのみこと》）、女峰山（田心姫命《たごころひめのみこと》）、太郎山（高彦根命《たかひこねのみこと》）をも意味しているのである。

宋さんも、その大きさと荘厳《そうごん》さには感動している様子《ようす》だった。

大韓民国でも、慶州《キョンチウ》の仏国寺《ブルクックサ》や伽倻山海印寺《カヤサンヘインサ》のような有名な寺院も多いの

神厩舎全貌

ですが、大きな仏像は残っている例は少ないのです。儒教を重んじる李朝時代になると、仏教は排除されましたから、衰退化の原因なのです。

海印

海が万象を映すように、一切の法を顕現する仏の智。

東照宮に向かい、杉木立に囲まれた広い参道を行くと、神域の入り口に石鳥居《いしとりい》がある。先に行くほど横幅の狭くなっている十段の石階段を上りきると、左側に朱塗《しゅぬ》りの五重塔が見えてくる。五重塔は四層までが和様《わよう》、五層が唐様《からよう》になっている。

唯一の素木《しらき》造りの神厩舎は、「三猿《さんえん》」の彫刻で世に有名である。

三猿というと、「見ざる」・「言わざる」・「聞かざる」が世に知られているのですが、この「三猿」を含めた八枚の彫刻で、人の生涯のありようを表現した絵物語なのです。

後ろ側にある彫刻まで見る観光客は少ない。

宋さんと、丹念《たんねん》に一面二枚の彫刻を見ながら一廻《ひとまわ》りした。

「母猿《ははざる》が手をかざし、その姿を見上げる子猿《こざる》」、「二匹の若い猿の前に荒波が描かれ、上には瑞雲《ずいうん》がたなびく」、「おなかの大きい母猿」の彫刻もある。

三猿

未来を望む

二人で図柄を観察しながら、意味を想像し話し合い、次のように納得した。

「子猿の将来を心配し、幸福を願う母猿とそれを信頼し見ている子猿」、「成長して恋が成就し、結婚する二人の将来に生じる人生の山あり谷あり」、「子猿も母猿となる。子々孫々、人の人生は続き繰り返す」と…。

笑いながら、二人で握手をした。

有名な三猿は、「見ても見えない」・「言いたくても喋れない」・「聞いても意味が分からない」という表現であり、「赤ん坊」の状態、つまり、人の誕生と人生を歩み始める時を象徴しているのである。

御水舎《おみずや》で、手を洗い口をすすぎ身を清めて、陽明門を仰ぐ。

宋さんに話しかける。

「これは略式なのです。

日本民族は古来、神々しきものに接するときや、神社の祭祀に関与するときには、海や川や湧水に全身を浸して、穢《けが》れを落とし、身を清めたそうです。

それも、短い時は数日間から、永きものは一年にわたったそうです。

自分の犯した罪や過ちを、清き水にて洗い流し、祭祀に臨んだのです」

宋さんは黙して語らず、微笑を続けていた。儒教の精神を持った人でしたが、仏教徒ではなかった。

宋さんは、カトリック教徒でした。

「陽明門《ようめいもん》」は、「一日中見ていても、飽《あ》きることがない」ということから、「日暮門《ひぐらしのもん》」といわれる。陽

とは太陽のことであり、家康公の神名の「東照大権現《とうしょうだいごんげん》」の「照」のことである。

宋さんは、丹念《たんねん》に見ている。宋さんが満足いくまで、充分な時間をかけた。日光に案内した目的の一つは、この陽明門の彫刻群を見て欲しかったからです。日本人が残した素晴《すば》らしい遺産です、すごいでしょう、と誇るがごとき思いなどは毛頭《もうとう》無いのです。真の意味をお伝えしたかったのです。

せっかくの機会ですから、陽明門の詳細をご紹介しておきましょう。

陽明門

霊獣多し

高さ十一・一メートル、幅七メートルの門は、十二本の柱によって支えられている。柱と第一層の桁《けた》、そして中層の麒麟《きりん》と目抜きの竜が白く塗られているから、遠くから見ると、全体的には白と黄金色《こがねいろ》が目立つが、近くから見ると、おびただしい数の彫刻に驚かされる。

彫刻は全部で五百八個あるそうであるが、人物と想像上の霊獣《れいじゅう》が多く、「蜃《しん》」「麒麟《きりん》」、「竜馬《りょうま》」、「息《そく》」、「竜《りゅう》」など、似ているが少しずつ違う霊獣がびっしりと並んでいる。

第一層の白い桁の上には、囲碁に興じたり、音曲《おんぎょく》を楽しむ大人たちの、七つの彫刻が並ぶ。泰平の世であればこそ、楽しめる事々である。

高欄《こうらん》の部分には、「唐子遊《からこ》び」と呼ばれる子供たちの九つの彫刻がある。中国の服装をした子供たちが、いじめたりいじめられたり、作ったものを壊したり、雪の日には雪だるまを作ったりして、屈託《くったく》なく無邪気に遊んでいる。

子供たちが安心して生活し、成長して行けるような世の中でありたい、そういう世の中を実現すべく努力したいとの願いが込められているといわれる。不思議なことに、子供も大人も、人物の拠《よ》るところは、すべてが中国風である。

囲碁を楽しむ貴人

世の陋習《ろうしゅう》を打破しつつ大革新に邁進した織田信長公の旗印は「天下布武《てんかふぶ》」、その後を次いで全国統一を成し遂げた豊臣秀吉公のそれは「千成瓢箪《せんなりびょうたん》」である。家康公の旗印は、一味も二味も違う。白地に黒々と書かれた「遠離穢土《おんりえど》」、「欣求浄土《ごんぐじょうど》」である。「この忌まわしき戦乱の世を遠くに押しやり、平和で安心して生活できる浄土のような世の中を実現しよう」という意味である。

陽明門のおびただしい彫刻群に秘められたメッセージとは、人の彼岸《ひがん》とするところの泰平の世の姿であり、それを実現しようとした家康公の政治理念なのです。江戸時代初期の工芸技術を結集してできたものであるが、建設に携《たずさ》わった人々の喜びと熱き心が伝わってくるのです。

陽明門は、完璧《かんぺき》な形で完成した。しかし、刻まれた〝グリ紋〟という紋様が逆になった「魔よけの逆柱《さかばしら》」という一本の柱がある。わざとそうしたものである。

完全なるもの後にあるのは後退なり、という不吉な現象を避けるべく、逆柱を一本置くことによって「不完全」な姿にしたのである。また、「完全なるもの（真理）」を求め続ける姿勢を表現している、ともいえるのです。

陽明門の「陽明」は、「陽明学」を象徴しているとも思いたくなります。

余談になりますが、陽明門に向かってカメラを据え付けて、一晩中シャッターを開放にしておくと、どんな写真が撮れるかご存じですか。

一九九五年のＮＨＫ大河ドラマ「八代将軍吉宗」の冒頭に出て来た陽明門は、その状況を紹介したものでした。北極星をその中心として、北斗七星《ほくとしちせい》をはじめとする星々が、同心円を描いて写るのです。

古代中国では、北極星のことを「太極星《たいきょくせい》」といい、そこに「天帝《てんてい》」がおわし、「天界」があると信じられてきました。

陽明門の中心線は、北極星に向かっているのです。「唐門《からもん》」と「拝殿《はいでん》」の中心線も北極星に向かっています。

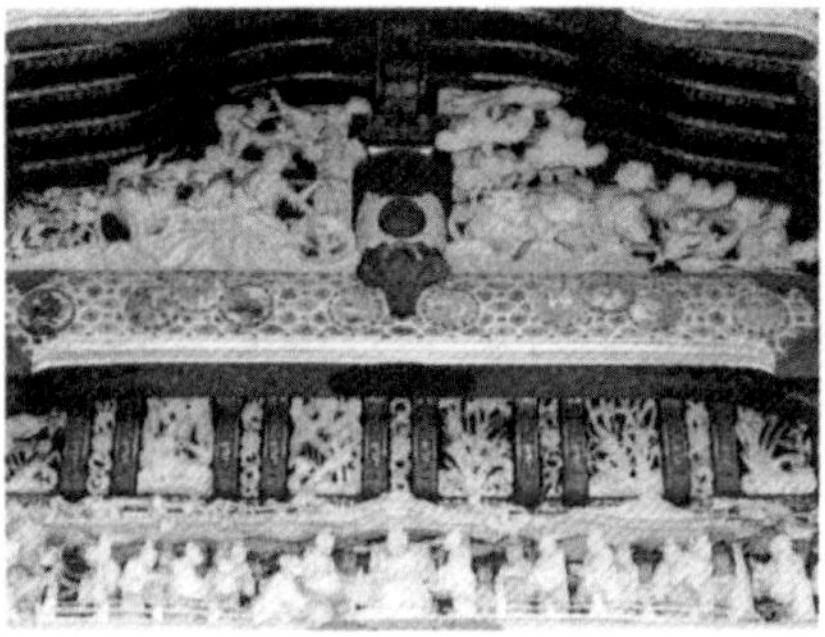

唐門の朝見の儀

しかし、不思議な事があります。家康公の「神柩《しんきゅう》」を納めた「宝塔《ほうとう》」が、この線上に配置されているかというと、そうではないのです。北極星に向いたこの線上から外れているのです。

陽明門をくぐると正面に見えてくるのが「唐門」である。この門の唐破風《からはふ》の下に、「竹林《ちくりん》の七賢人《しちけんじん》」と「舜帝朝見《しゅんていちょうけん》の儀」という精緻《せいち》な彫刻がある。

人物彫刻のあるのは、陽明門と唐門だけですが、これらは中国の故事に基づくものでして、「政権交代の理想の姿」が込められているといいます。

東回廊潜門の蛙股《かえるまた》の間にある、左甚五郎《ひだりじんごろう》作ともいわれる有名な「眠り猫」の下を進み、杉木立の中、二〇七の石階段を上りきると、「奥社《おくしゃ》」がある。

青銅の鳥居をくぐり、さらに階段を上ると、石柵に囲まれた高さ五メートルの宝塔があり、ここに家康公の神柩《しんきゅう》が納められている。簡素な造りであるが、荘厳《そうごん》な趣が漂っている。家康公は「東照大権現」という神様となったのです。

東照宮建物の配置図

宋さんと二人で「二礼二拍手一礼」した。日本式である。

神域の中に、「叶杉《かなえすぎ》」という大木がある。硬貨を挟《はさ》むと、願い事が叶《かな》うということなので、五円（ご縁）硬貨を挟み込み、ふたりで握手した。

朝鮮通信使が、日光まで来たのは三回である。

その意味するところの一つに、〝お互いに国を侵略することなく、民と子供たちが安心して生活できる平和な時代を続けましょう〟ということを、両国で確認しあう意義もあったと考えて良いでしょう。

「いろは坂」を上り、「中禅寺湖《ちゅうぜんじこ》」と「男体山《なんたいさん》」の雄大かつ風光明媚《ふうこうめいび》な風景を楽しみながら、奥日光の「湯滝《ゆたき》」に着いた。

滝を眺めながら、お店で一休みした。おでんと鱒《ます》の塩焼きを食べ、緋毛氈《ひもうせん》の敷かれた緑台に座り、日本酒を飲みながら宋さんがいう。

「この自然が、いいんですよ。幸せを感じますよ。お酒もおいしいし、こういうの大好きです」

東照宮は、確かに素晴らしい。しかし、あまりの華麗《かれい》さのなかに権力誇示《こじ》の匂いを嗅《か》ぎ取って、少々疲れを感じていたのかもしれない。

日光江戸村にて
どぶろくと見て一献

話によると、山が好きで、遭難しそうになったこともあるんですよ、とのことだったから、奥日光の素晴らしい風景を心行くまで楽しんでいたのです。辛い事の多き浮世のことを、忘れることのできるひとときほど心楽しきことはない。


一九九七年一月の初旬、「大韓民国京畿道《キョンキト》の烏山《オサン》中学校」の生徒たちが、栃木県烏山町《からすやままち》を訪れた。一九九三年に続く二度目の来日である。我が町烏山中学校の生徒たちとのバスケットの親善交流試合のためです。

「水原《スオン》女子中学校」の元校長であった申源国先生と「烏山中学校」の校長で

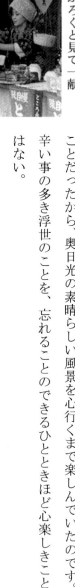

あった朴鐘宇先生が、私の家にお泊まりになった。

日本語でお話しをすることができたので、それぞれの青春時代のことや、朝鮮通信使のこと、烏山という地名の歴史など、お話をしている内に時は進み、いつの間にかビールを十二本も飲んでいました。熟年《じゅくねん》の三人にはいささかこたえた酒量でしたが、思い出に残るお酒でした。

私は申し上げたのです。

「有朋自遠方来、不亦楽乎（訳：朋《とも》遠方より来たる　また楽しからずや）」

と。孔子の言葉なのです。

お二人は、とても喜んで下さり、酒杯《しゅはい》を重ねることとなったのです。

申源国先生は、後日のお手紙の中で、こんな詩を送って下さったのです。

謹賀新年

聖鳥金鳥　棲息郷　…聖鳥金鳥《きんう》　棲息《せいそく》する　聖なる郷《さと》
謹賀新年　烏山訪　…丁丑新年を賀して　烏山を訪ねる
絶景故郷　桃源境　…絶景の故郷　桃源郷《とうげんきょう》で

秀麗賢人　幸逢君　…幸いに　秀麗《しゅうれい》賢人の友　君たちに会う
水原烏山　水陸遥　…水原《スオン》と烏山《からすやま》は　水陸遥《はる》かなれど
籠球交流　架金虹　…籠球《ろうきゅう》の交流競技で　金の虹《にじ》をかける
何日有縁　更重遊　…いつの日かまた縁ありて　更に遊《あそび》を重ね
共賞日光　遊仙境　…共に日光を賞《め》で　仙境《せんきょう》に遊ぶや

京畿道烏山《オサン》市水清洞　寓居　学山　申源国

一九九三年の交流風景

一九九七年　烏山町で

烏山大橋にかかる虹
（谷口征一氏撮影）

二〇〇〇年　大韓民国で

国際交流の一環として、烏山町の商工業の経営者たちと、大韓民国の烏山市役所を初めて訪問したのは一九八九年の春でした。一九九二年の秋には、岩崎前町長を団長として、烏山中学校・境中学校・七合中学校の十六人の生徒たちが訪韓し、バスケットボールの試合を通じて親善を尽くし、現地の歴史を学習したのです。

二〇〇〇年の夏には、サッカーチームが訪問しています。

五、押すな押すなの「ああ高句麗展《こうくりてん》」…シンボルマークは「金烏《きんう》(三本足の烏《からす》)」

一九九三年十二月のことである。

「ソウルの宋さんから電話ですよ」

と、妻がいうので、受話器を手にすると、

「中村さん、できたらソウルに来て下さい。

今、〃ああ高句麗展〃が開催されているのですが、大変に好評で、訪れる人たちが多いのです。予定された会期を延長することになりましたから、まだ見ることができます。

シンボルマークが、〃三本足のカラス〃なのです。

中村さんから聞いていたものの、見て驚いています」

と、宋さんが興奮気味にいう。

仕事の都合で来れない場合も考えて、「三本足のカラス」のグッズ類と「古墳《こふん》の写真集」も買ってあるという。その心づかいにうれしさが込み上げてくる。

いろいろと仕事も忙しい。しかし、意を決して行くことにした。宋さんの感激したとの言葉にほだされたこともあるが、自分の目でも確かめたかったのです。

「三本足の鳥」の調査研究をしている、私の良き理解者でもある妻でさえ呆《あき》れ顔だった。チケットが取れ次第、ソウルへ行くといったからです。目先《めさき》の仕事は後回《あとまわ》しでした。

ああ高句麗

館内の展示　熱気で…

　またまた、クリスマスを挟《はさ》む日程となった。といいますのは、その後、宋さんは自分で会社を興したのです。そのお祝いにソウルを訪れた時が、クリスマスの日だったのです。

　二人で会場に向かうが、途中《とちゅう》から車が遅々《ちち》として進まない。宋さんがいう、

「大勢の人が会場に向かっているのです。着くまでに、しばらく時間がかかります。前回もそうでしたから」

　展示室の入り口には、直径二メートルほどはあろうか、丸い赤地に黒く描かれた「三本足のカラス」

のシンボルマークが置いてある。図柄もいいが、流麗《りゅうれい》さと力動感に感激した。

会場の中は見学者であふれていた。人々が展示された写真を見て、話し合っている熱気もすごい。カメラのレンズが曇ってしまい、しばらくの間は撮影ができなかった。

数多くの古墳の中に描かれた三本足のカラスの中から、特にこの図柄を選んだのには理由があるであろうが、「高句麗」の歴史の中で、国力の伸長した時代を象徴するものだと瞬間的に思った。

いままでに見て来た「三本足のカラス」とはかなり違う。際立った特徴は、頭上《ずじょう》に冠《かんむり》らしきものが描かれていることである。他に例がない。

じっと見ているうちに、日本の「神主《かんぬし》」さんが頭に冠する「烏帽子《えぼし》」が重なって見えてきた。それも、大事な祭祀《さいし》に冠する「エイ」のついた烏帽子《えぼし》である。そして、「鳳凰《ほうおう》」にも似ている部分があるな…と思った。

この「ああ高句麗展《こうくりてん》」は、中国と大韓民国の国交回復（一九九二年）を記念して開催された特別展である。

高句麗の旧首都集安《しゅうあん》にある古墳の共同調査が、一九八九年に両国の歴史学者によってなされ、その時に撮影された古墳内部の写真が、一九九三年になって初めて公開されたのです。集安（中国語でジィーアン）とは、現在の中国吉林省集安市である。

旧首都といったのは、高句麗時代の前半の首都であったが、紀元四二七年に、現在の北朝鮮（朝鮮民主主義人民共和国）の平壌に移されたからである。

展示された写真の中心テーマは、太陽の中に描かれた「三本足のカラス」と月の中に描かれた「蟾蜍《せんじょ》」である。いずれも中国の古代神話に登場する。

古墳の時代を追って、それぞれの壁画《へきが》が展示されていたが、どれを取っても鮮明な写真で感銘《かんめい》した。撮影技術も優れているが、古墳内部の保存状態も極めていいのである。永《なが》き間、発掘されることなく地中にあったからです。

写真を撮影したのは、朝鮮日報社の記者であり、朝鮮日報社によって発刊されたのが「高句麗古墳」という写真集である。

宋さんも会場を見て楽しんでいました。こんなことをいう。

「この写真展を開催するに際して、中国の歴史学者と大韓民国の歴史学者が、研究会を催したそうです。その時、この文化遺産はどちらの国のものかとの論議《ろんぎ》があり、大韓民国の学者は朝鮮国のものだ、中国の学者は中国のものだといい、決着《けっちゃく》がつかなかったそうです。

中村さんはどう思いますか」

と、尋ねられたので、

「そうですね…。どちらのものですと一概《いちがい》に断定しにくいのではないですか。
朝鮮半島では、古代の国の興亡も多く複雑です。
いつの時代かによって、論議は尽きないのではないですか。
また、古墳の壁画は、中国の漢時代の文化の影響が色濃いですしね」
と、申し上げた。

「高句麗《こうくり》」が版図《はんと》をもっとも大きく広げたのが、紀元四〇〇年代前半で、北は現在の中国黒龍江省《こくりゅうこうしょう》から南は遼東半島《りょうとうはんとう》まで席巻《せっけん》していたし、朝鮮半島の約半分を領有していた。これを成し遂げたのが、「好太王《こうたいおう》」であり「長寿王《ちょうじゅおう》」である。かの有名な「好太王碑」は高句麗の建国神話と王の業績を記したものなのです。

この時代の朝鮮半島南部には、「百済《くだら》」と「金官伽倻《きんかんかや》」と「新羅《しらぎ》」が存在していた。

しかし、中国大陸に、「隋《ずい》」そして「唐《とう》」という強力な帝国が出現すると、東アジアに大きな政治的変化をもたらすこととなるのです。

紀元六六〇年に百済《くだら》が、次いで紀元六六八年には高句麗が滅亡する。攻

高句麗全盛期の三国
（四世紀末）

略したのは、唐《とう》と新羅《しらぎ》の連合軍でした。その後、新羅は朝鮮半島を統一し、北は「鴨緑江《おうりょくこう》」まで領土を広げます。鴨緑江以北は唐の領分となるのです。

旧首都にある集安古墳群の遺跡は、鴨緑江の右岸（北側）に在り、現在は、中国の吉林省集安市となっている。

いつの日にか、高句麗の首都「集安」へ行ってみたいと思った。その古墳の壁画に描かれた「三本足のカラス」と「蟾蜍《せんじょ》」の取材である。

高麗神社

百済《くだら》と高句麗《こうくり》が滅亡して後《のち》、数多くの渡来人《とらいじん》が日本に来ている。時には、新羅からも渡来している。日本書紀《にほんしょき》によると、百済の人々は主に現在の滋賀県に、高句麗や新羅の人々は関東地方に住むことになったという。

関東地方に住むことになった高句麗《こうくり》や新羅《しらぎ》の人々は、当時の幹線道路であった「東山道」沿いかその周辺に、それも開墾しやすい川沿いに住み、その地方地方に定着していったのです。

群馬県には「多胡碑《たごひ》」、埼玉県日高市には「高麗《こま》神社」、そして、栃木県那須郡湯津上村には、国宝の「那須国造碑《なすのくにのみやつこのひ》」があります。その当時の事情を物語る歴史遺産なのです。

高麗（こま）神社

埼玉県日高市にある。

本殿入り口の扁額には、高と麗の間に小さく句の字が入れられ、高句麗とし高麗と区別している。

日本書紀・天智天皇五年（六六六年）十月の条に高句麗から来日した進調使二位玄武若が見え、高麗王若光とされるが、高句麗の滅亡二年前のことである。高句麗の王族の出身で、相模国大

磯の郡長などを歴任した後、

七一六年に武蔵国に高麗郡が設置されると、郡の大領（長官）として赴任。

続日本紀には、駿河、甲斐、相模、上総、下総、常陸、下野の七カ国に居住していた高句麗人あわせて一七七九人を移住させたとある。

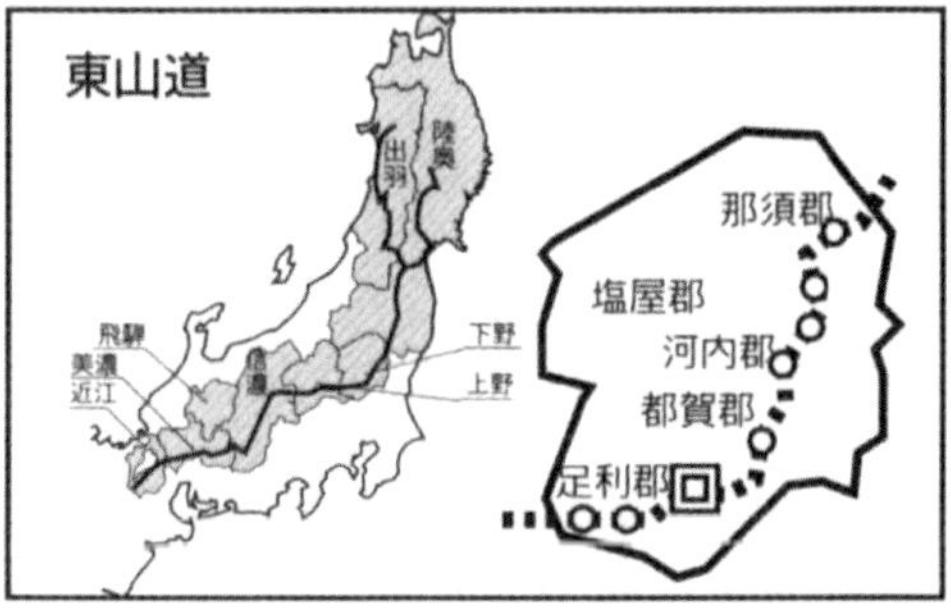

東山道略図

六、ふたりの「伽倻山海印寺《カヤサンヘインサ》（世界文化遺産）」…ご本尊《ほんぞん》は「毘盧遮那仏《びるしゃなぶつ》」

大邱《テグ》市は、大韓民国で三番目に大きな都市である。洛東江《らくとうこう》という大河が流れ、山々に囲まれた山紫水明の所である。古くから、慶尚南道《キョンサンナムト》と慶尚北道《キョンサンブクト》の政治、文化、産業の中心地でした。

毘盧遮那仏
万物を照らす宇宙的存在としての仏陀の名。密教では大日如来と同じ。

一方、優れた生産技術を誇る工場の多い地方でもあります。

一九九五年十二月、宋さんとふたりで大邱市へ行った。

大韓民国からＶＴＲ部品の素材を調達し、中国大連で機械加工をして、ドイツの日系企業へ部品輸出する計画があったものですから、ソウル市で二社、大邱《テグ》市で一社、昌原《しょうげん》市で一社を、ふたりで視察することになったのです。

二人は、ビジネスに深く関わることはしないという約束があったのですが、調査活動については、その限りではないということで、事前調査もして下さった。

どういうわけか、宋さんとお会いするのは十二月が多い。かなり寒い時節となるはずなのですが、お会いする時は暖かい日に恵まれる。

大邱市の冷間鍛造《れいかんたんぞう》製造会社は立派なものでした。部品の開発に取り組んだ時期も早く、製品の精度は良く、品質管理の水準も高かった。

しかし、なんとなく工場の現場に活気が感じられなかったのは、ドル安《やす》の影響を受けていたからでしょう。約半年前の一九九五年の四月には、一ドルは七十九円八五銭まで高騰《こうとう》し、韓国の通貨であるウォンも高騰《こうとう》した。輸出比率の高い自動車部品と家電部品業界は、苦境の最中《さなか》だったのです。

商談を済ませて、大邱《テグ》市内へ向かう車中、

「宋さん、海印寺《ヘインサ》が近いと思うのですが…。せっかくの機会だから、寄ってみませんか」

と、いったら、会社の若き後継者殿が、

「それでしたら、私がご案内しましょう。

伽倻山海印寺　正門

海印聖地の石碑

大寂光院

つい最近の十二月八日に、ユネスコの世界文化遺産に認定されたばかりです。丁度、良い機会です」

と、快く引き受けてくれた。韓国の大学を卒業後、日本が好きで、早稲田大学に二年間在学したというだけあって日本語もうまく、さわやかで感じの良い好青年でした。

平坦部を過ぎると、山また山の間を縫うように、片側二車線の高速道路が西に延びる。ソウルと釜山をつなぐ京釜《キョンフ》高速道路に比べれば車の数は少ないが、次々と変わる山々の景色は美しい。七十キロほど走りインターを下り、十キロほど山道を走ると海印寺に着いた。

海抜一四三七メートルの伽倻山と、二つの峰に囲まれた奥深き山の中腹に海印寺《ヘインサ》は在る。

海印寺の門前町を過ぎると、駐車場があり、そこから二十分ほど歩くと山門にたどり着いた。松の大木の風情《ふぜい》に、心が洗われる思いがする。

真新しい門形の看板には、上に「祝世界遺産登録」と書かれ、両側には次の言葉が、漢字とハングルで書かれていた。

「大海中水　可飲盡」（大海に水あり、飲み尽くすこともできるはず）

「殺塵心念　可数知」（煩悩《ぼんのう》を取り心に念ずべし、数多くの事を知るはず）

漢字を見ると親近感を覚えますし、漢字文明で育った共通性を強く感じる。少しは意味を理解できるのがうれしい。

海印寺《ヘインサ》は韓国三大名刹《めいさつ》のひとつであるが、「海印」とは、華厳経《けごんきょう》の「海印三昧《かいいんざんまい》」にちなむという。新羅《しらぎ》第四十代哀荘《エジャン》王の三年（八〇二年）の創建という。統一新羅時代の高僧「義湘《ぎしょう》」が、「華厳経《けごんきょう》」を広めるために建てた十刹《じゅうさつ》の内《うち》のひとつである。

海印三昧

毘盧遮那仏が華厳教を説いた禅定三昧の意味。

禅定とは、宗教的な瞑想にふけること。

三昧（ざんまい）とは、一つの事に心を専注して無念になることをいう。

華厳

菩薩のよろずの修行の華が万徳を荘厳（しょうごん）するの意味。

華厳経

全世界を毘盧遮那仏の顕現とし、一瞬の中に永遠を含むという一即一切・一切即一の世界を展開している。

海印寺《ヘインサ》をして世界的に有名にしているのが「八万大蔵経《バルマンテチャンキョン》」である。

大蔵経とは仏教の経典《きょうてん》や論説書《ろんせつしょ》を総編集したものである。それだけにその量は膨大《ぼうだい》なものとなり、その版木《はんぎ》が保存されていることで海印寺は古来《こらい》有名なのです。

白樺《しらかば》の板を三年間海水に浸《つ》けて蒸《む》し、その後乾燥させ、両面に十四文字詰め二十五行の経文を彫り込み、漆《うるし》を引いたものが、八万一千三百四十枚継承《けいしょう》されているという。

高麗《こうらい》時代の十一世紀の初頭に一度作られたが、これは焼失《しょうしつ》してしまい、今に残るのは、一二三二年の蒙古軍襲来《もうこぐんしゅうらい》の時に、江華島《こうかとう》まで追い詰《つ》められた二十三代高宗《こうそう》の英断《えいだん》で復刻され始められたもので、一二五一年に江華島で完成した。

完成までに十五年以上の月日を費やしている。まさに、人類の遺産と称すべきものなのです。

一三九八年に海印寺《ヘインサ》に納められたとのことであるが、夷狄《いてき》退散と護国を祈願《きがん》して作られたものであるから、帰するべきところに帰したものだと思います。

松の大木に囲まれた境内《けいだい》は、歴史あるお寺の雰囲気を醸《かも》しだしている。山門をくぐり、急な階段を上ると、「海東円宗大伽藍《だいがらん》」と書かれた門があり、歩を進めると正面に本堂「大寂光院《だいじゃくこういん》」が見えてくる。

この本堂には、文殊菩薩《もんじゅぼさつ》と普賢菩薩《ふけんぼさつ》を脇侍《わきじ》として「毘盧遮那仏《びるしゃなぶつ》」がご本尊として祭られている。どこかで聞いたことのある仏さまの名である。そうです、奈良の東大寺の大仏さまと同じ仏さまなのです。

海印寺と東大寺の創建に際し、両国の時の人々が込めた願いとは、天下泰平《てんかたいへい》と国民安寧《あんねい》なのです。共通する理念の表現が「毘盧遮那仏」なのです。

本堂裏《うら》の階段を上り、「八万大蔵経」の額を掲《かか》げた門をくぐると、多くの版木を収納する建物が二棟ある。白壁は白く、木材も新しい。最近、改築されたようでした。

上部の白壁の中央に窓があり、下の部分は全面が通風のための窓である。両者とも「校倉造り《あぜくら》」である。雨が降る湿気の多い時には、木材の間隔は狭まり湿気を防ぎ、乾燥時期には間隔は広がり、室内の通風をよくする。木材の特徴を利用した、古代の自然空調施設なのである。

韓国の風土は乾燥している時期が多い。大切な版木を長期にわたって保存するには、適当な湿気が必要である。

内を覗《のぞ》くと、おびただしい版木が整然と並んでいる。

宋さんに、私の感想をいう、

「昔の人はよく考えています。工夫していますよね。

この山中でしたら、雲も沸《わ》き上がり、適当な湿気を取ることができます。

版木にとって一番良いことです。

しかも、無駄なエネルギーは一切使用してないのです。地球に優《やさ》しいですよ。

自然の原理をうまく利用しています」

校倉造りは縦

と。

校倉《あぜくら》造りの窓の部材の方向が、東大寺正倉院《しょうそういん》とは違うのに気がついた。ここでは、縦《たて》方向になっているが、正倉院のそれは横《よこ》方向になっている。この違いは、なぜなのだろうか…、と興味をそそられた。

室町《むろまち》時代以降の日本は、版木《はんぎ》から印刷された「八万大蔵経《バルマンテチャンキョン》」を手に入れたかったのであるが、なかなかままならなかったという。しかし、完本《かんぽん》に近いものが、東京の増上寺《ぞうじょうじ》と京都の東本願寺《ひがしほんがんじ》にあるという。

海印寺を拝観後、門前町の中にある料理店で昼食をとることになった。

椅子《いす》に座ると、目の前の縦長の額には「般若心経《はんにゃしんぎょう》」が書かれているのに気が付く。当然のこととして、漢文である。「八万大蔵経」の版木の中にもある。

現在、日本で使用している「般若心経」と全く同じ文字《もじ》である。

話は変わりますが、数年前、仕事のついでに、中国蘇州《そしゅう》の「寒山寺《かんざんじ》」に立ち寄ったことがある。あの「張継《ちょうけい》」の漢詩「楓橋夜泊《ふうきょうやはく》」で有名なお寺である。

月落烏啼　霜満天

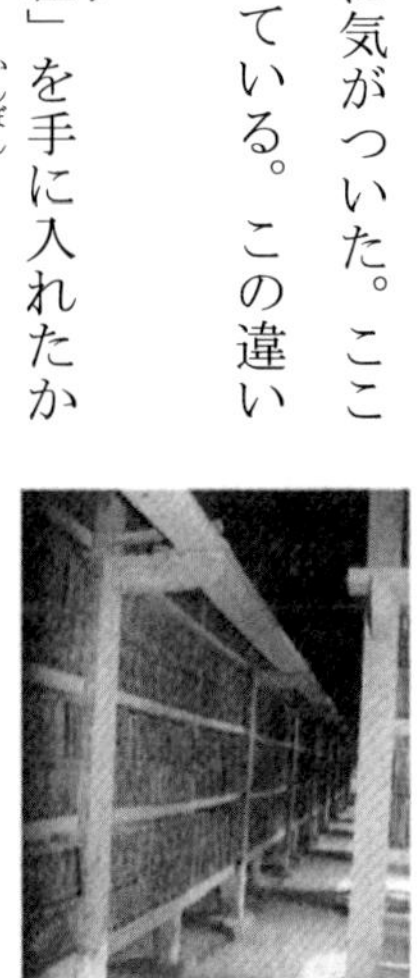
版木の倉庫　乾燥と湿潤

大寂光院の屋根越しに深き山々を望む

江楓漁火　対愁眠
姑蘇城外　寒山寺
夜半鐘声　到客船

有名な「楓橋」の近くに、「鐵鈴関《てつれいかん》」という建物がある。二階には小さな博物館があり、日本からはるばる押し寄せた「倭寇《わこう》」(裸である)が、明国の人々と戦う絵と倭寇の日本刀が展示されている。

「鐵鈴関」建設のいわれは、一五五七年の明代に、倭寇対策として造ったとある。この付近まで倭寇が来ていたのである。

この鐵鈴関の橋の上で買ったのが、寒山寺《かんざんじ》の鐘を模した五センチほどの真鍮製《しんちゅうせい》のお土産である。この鐘に銘されていたのが「般若心経」であって、〝ああ、同じだ〟と新発見に感激したものです。

わが国に伝わる「般若心経」は唐の玄奘《げんしょう》(三蔵法師)が翻訳《ほんやく》した二六二文字からなるお経であるが、大韓民国に伝わるものも、中国に現存するものも、当然《とうぜん》のこととして、一字として違わないのである。

楓橋　中国蘇州寒山寺

鐵鈴関

大韓民国宮廷《きゅうてい》風の十六種類の料理を味わいつつ、「般若湯《はんにゃとう》」（僧の隠語でお酒）をいただきながら三人で談笑した。

「般若《はんにゃ》」とはもともと梵語《ぼんご》であって、「最高の知恵《ちえ》とか仏知《ぶっち》」の意味である。

お酒は焼酎《しょうちゅう》ではなく、「どぶろく」であった。品のよい青磁《せいじ》の壷に入れられた白酒《はくしゅ》はうまく、ついつい、杯《はい》を重ねてしまった。

終始、笑顔で対応してくれた、さわやかな若き後継者殿に、

「ありがとう。お陰様で、一度は拝見したいと思っていた海印寺《ヘインサ》と版木を拝観できました。ここで般若心経《はんにゃしんぎょう》をみて、大韓民国と日本に共通する文化があるということを再認識しましたよ」

と、お礼をいい、三人で乾杯しました。

タクシーをチャーターし、宋さんと二人で次の目的地の昌原《しょうげん》市へと向かった。

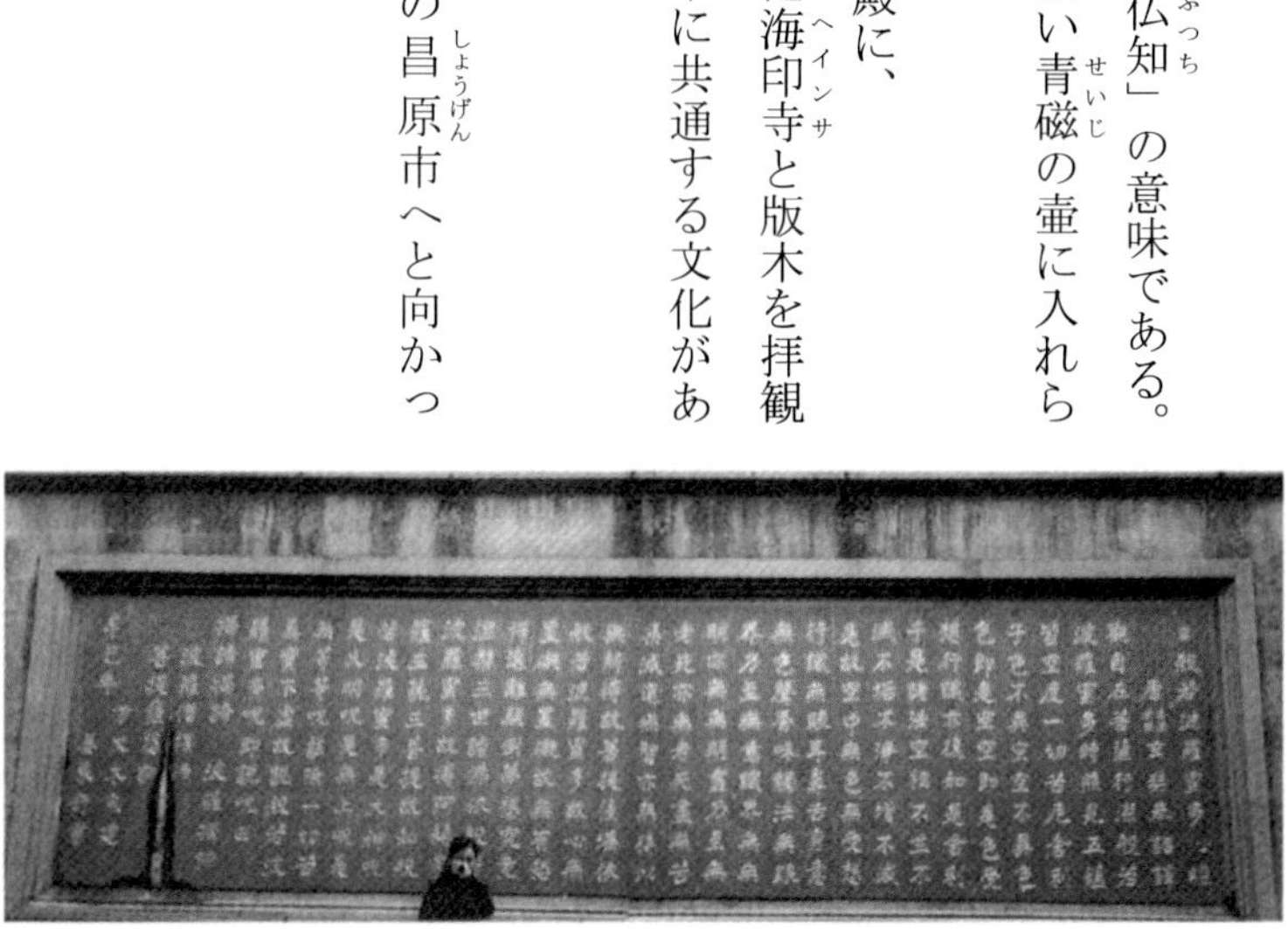

般若心経
杭州市 霊隠寺

七、「宋哉変《ソンジェスブ》」さんの突然の訃報《ふほう》…「オリンピック精神」に涙する

私が、中国大連市の経済技術開発区に、一〇〇%出資の系列会社を設立し、工場を完成したのは一九九五年九月末のことである。中小企業だから、規模は大きな代物《しろもの》ではない。過去に蓄積《ちくせき》したデータの分析から、一九九五年前後には一ドル一〇〇円前後の円高になるとの予測にたち、資本的にも単独《たんどく》で進出したのでした。

許認可《きょにんか》の申請の頃から、月に一度は必ず大連に出張している。行ったり来たりで、〝渡《わた》り鳥《どり》〟のようだとの自らの感想もあるが、そうはなりたくない、というのが本音《ほんね》である。

大連で仕事をしていると、本社総務部長である妻から電話が入った。

「残念な事が起きてしまいました。びっくりしないで下さい」

と、涙声でいう。異変が起きたのである。何だろうと胸騒《むなさわ》ぎがする。

「何か、あったのか…」

「宋さんが亡くなってしまったそうです。

親戚の方からの電話が、今、あったばかりです。

宋さんの奥さんから頼まれたそうです。事故だそうです」

一九九八年二月二十七日の午後のことでした。

呆然《ぼうぜん》とする。信じられない…。仕事が手に就《つ》かない。

すぐ、ソウルの宋さんの自宅に電話を入れたが、誰も出て来ない。家族の人は善後策に追われているのであろうと思った。夜半《やはん》になって、やっと、宋さんの一人息子と話をすることができた。

「お悔《く》やみ申し上げる。

「明後日の三月一日の午後です。

遠いから、迷惑をかけます。

お出でにならなくてもいいですよ、と母がいっていますが…」

「お母さんに、私の悲しみを伝えて下さい。

万難を排して行きます。飛行機の便を調べ、また連絡するね」

と、伝えた。息子さんは、日本語を専攻していたから、話は通じたのです。

宋さんと私たちの関係については、大連の会社の幹部の人たちもよく承知していた。というのは、大連の会社の開業式にご夫婦をご招待し、ともに酒を酌み交わし、歓談しあった朋友《とも》だったからです。会社の事務室には、奥さんが書いてくれた〝咲こうとする赤い薔薇《ばら》の絵〟が、今でも掲げられている。

「社長、大変に残念なことです。お悔《く》やみ申し上げます」

と、大連中村の最高幹部の由董事《ゆうとうじ》も高総経理代行《こうそうけいりだいこう》も慰めてくれた。ふたりとも、つらく侘《さび》しそうな顔でした。

当時、大連とソウル間の飛行機便は週二回しかなかったが、お葬式の三月一日には、運よくソウルへの飛行機便があった。チケットが取れたことを知らすべく、再三、自宅に電話をしたが、連絡が取れなかった。

葬儀の場所も分からない。分かったとしても案内してくれる人もいない。

困りあぐねていたら、

「社長、ソウルに私の教え子がいるから、彼に連絡をとってみましょう。日本語もできるし、案内役をしてもらいましょう」

と、山田先生がいって下さった。先生は熱処理技術の顧問として、大連の会社の技術指導をお願いしていたのですが、大韓民国のソウルでも技術指導をなさり、四年ほど駐在したご経験をおもちでした。

山田先生から紹介していただいた方を、「安基弘」さんという。宋さんの自宅に電話をし、葬儀の場所と時間は分かったから、安心して下さいという。葬儀は、十三時からとのことだった。

飛行機は大連発十時であり、十一時十分には大韓民国の「金浦《キンポウ》空港」に着く。十三時の葬儀までには二時間ほどあるから、間に合う…。しかし、行くのはいいが、かえって迷惑をかけることになるのではないか、という不安が心をよぎる。面識のない人も多いであろうし、葬儀の習慣も知らないからです。

行くことに意を決して、出発前日の夜十時頃、宋さんの自宅に電話をした。やはり息子さんはいなかったが、宋さんの従兄弟《いとこ》という方が電話に出てくれた。英語が通じた。明日行く旨《むね》と、案内してくれる人はいるから自分で行きますよ、と伝えると、従兄弟の方は何としても自分が案内するという。空港で待っていますと熱心にいう。先約の安さんも空港で待っているはずだ…、困ったことになったと思いつつも、従兄弟の方に案内をお願いした。

翌日の飛行機は、到着が予定より二十分ほど遅れた。駆け足で出口に向かったら、安さんと従兄弟の方が、私の名を書いた名札を持って出迎えてくれた。安さんには申し訳ないことになってしまった。安さんには、十八時に宿泊するホテルで再会する約束をして、従兄弟の方の車に飛び乗った。

葬儀の場所は、遠いらしい…。

ソウル市内を経て、京釜《キョンブ》高速道路を南に向かう。あいにく土曜日ということで、行楽《こうらく》に向かう車で混んでいた。遅々として、車は進まない。従兄弟の方は、何回か携帯電話で連絡をとっている。おそらく葬儀場へなのであろう。一時間半経った十三時になっても、車は混雑を抜け出ることができなかった。葬儀は十三時からとのことであったから、もう、間に合わないとあきらめた。

車が京釜高速道路から東に向かった。それからは速かった。それでも葬儀場に着いたのは、一時間遅れの十四時頃となってしまった。空港を出発してから、二時間半を経過していた。葬儀と埋葬は済んでいたが、ご親族の方々は私の到着を待っていて下さったのです。

車から飛び降りた。コートを脱ぐひまもなく、奥さんにお悔《くや》みの言葉を述べた。奥さんは涙を流し続け、ただ頷《うなず》くだけでした。

言葉は要《い》らない。何を語らずとも、お互いに悲しみの心は伝わっている。私の頬《ほほ》にも涙は流れ続けた。コートの右袖《みぎそで》は外したものの、左袖は外す心の余裕も無かった。宋さんの高校時代と大学時代とも同級生であった、親友の方《かた》が話かけてきたからです。見かねたのであろう…、老齢《ろうれい》のご婦人が、コートを脱がしてくれました。

親友は英語で、宋さんが亡くなった日の状況を説明してくれた。ふたりで悔《くや》し涙にくれた。宋さんの親友とは、ソウルで二度ほど会っていたから顔見知りでした。それも、偶然に会っていたのです。宋さんと飲んでいると、どういうわけか、その親友が現れるのである。宋さんは、わざわざ呼んだのではないといっていたのです。

宋さんが、我々は「オリンピック精神」で付き合っているのだといったことがある。それに対して、親友は私にこう話したのです、

「今でも、彼は純真《じゅんしん》でしてね。高校時代と余り変っていないのです。優秀でしてね。高校時代、全国英語弁論大会で優勝したことがあります」

と。

英語も上手《じょうず》な理由が納得《なっとく》できたし、その時、宋さんの友であることを誇らしく思ったものです。

お話を聞き、気持ちを落ち着け、ひととおりのご挨拶が済んだのち、息子さんと従兄弟《いとこ》の方《かた》に埋葬地に案内してもらった。

お墓は小高い山の中腹に在った。周囲に小高い山々が望める。

ふたりは、膝《ひざ》まずき大韓民国伝統の儒教式の拝礼をした。

埋葬《まいそう》したばかりの真新《まあたら》しい盛土《もりど》を見て、宋さんの死の現実を肌で感じた。

「どちらが頭ですか」

と、問うたら、山側ですと教えてくれた。

日本の仏式で、私は手を合わせしばらくの時間、宋さんのご冥福《めいふく》を祈った。

「日式《にっしき》で礼拝しているね」

と、ふたりが言っているのが耳に入る。

目をつむり、私は手を合わせたまま、盛土を見透《みす》かすような気持ちで、宋さんに語りかけた。在りし日の宋さんの笑顔が、まぶたに浮かんでくる。

「宋さん、どういうことなの…。なぜこんな結果になってしまったんだ。

まだまだ若いのに…。五十四才じゃないか。

私より四才も若いけど、尊敬もしていたし、同等《どうとう》のお気持ちでお付き合いした。

さきざきの、永い永い交遊《こうゆう》を楽しみにしていたのに…。

なぜ、私より先に死んでしまったのだ。

悔しいよ…。天を恨むよ…」

と、心の中で叫んだ。

とめどもなく涙があふれてくる。頭をたれる。天を仰《あお》ぐも涙は止まらない。息子さんと従兄弟のふたりが近くにいる。泣くまいと思ったが、心から沸《わ》き上がる激情《げきじょう》には抗しきれなかった。ひとり号泣《ごうきゅう》した。

どの位の時間が経ったのか分からない。心を落ち着かせ立ちあがった。

しばらくの間、周囲の山々を見ていると、雲間《くもま》から日がさし始めてきました。

「宋さん、ここはいい場所ですね。機会をみて、また来ますよ」

と、いって、その場を離れた。

巨星落つ
ヘールボップ水星（一九九七年大連大黒山にて）

親戚《しんせき》の方々と親友の方々が、私たちの帰りを待っていました。奥さんが来られた。

「本当に残念なことです。

息子さんたちと力を合わせて頑張って下さい」

と申し上げ、堅い握手をしてお別れした。

宋さんの息子と従兄弟《いとこ》の方が、宿泊するホテルまで送ってくれたので、息子さんをホテルのロビーのソファーに招き、「御霊前」を渡しました。

ホテルは、宋さんのご尽力で泊まることのできた、あのホテルでした。

前にもご紹介したように、一九九七年の一月初旬、大韓民国烏山《オサン》市の烏山中学校の生徒たちが、我が町を訪れた。バスケットボールを通じての国際交流と親善のためである。団長であり、烏山中学校の朴鐘宇《パクジョンウ》校長先生と、副団長であり通訳をなさってくれた、水原《スオン》女子中学校の申 源 国《シンウオングック》元校長先生が、拙宅に宿泊なさった。

この時に、大韓民国烏山市に関する歴史資料があれば送って戴けませんか、

話が弾む申先生と朴先生

バラの花は次々と咲く

とお願いしてあったのですが、二月に「烏山地誌」が届いたのです。

その本の重要な部分をコピーして、ソウルの宋さんに送りお願いした。

「忙しいところ悪いけど、翻訳《ほんやく》して下さい。地名の歴史を確認したいのです。以前お話しましたね。日本の友との関係で、烏山《オサン》という地名に変えたという伝説があるということを。糸口《いとぐち》があるかどうか知りたいのです」

「やってみましょう」

と、宋さんが快く引き受けてくれたので、

「しばらく会っていないし、三月下旬にこちらに来ませんか。のんびりと、ふたりで塩原《しおばら》温泉でも行きましょう」

と、申し上げた。

烏山まで来てくれました。ヘネシーのXOで乾杯したら、宋さんがいう、

「この翻訳は大変でした。歴史用語が多く出て来るものだから、辞書をめくりながら書き上げました。実は、一日早く日本に来て、昨晩《さくばん》はほとんど徹夜《てつや》でした」

翻訳して戴いた頁数は十枚に及ぶ。A四用紙にびっしり書いてある。自信のない翻訳には、丸をつけ

であるという。しかし、そういう箇所は少ない。

「ありがとう。お陰さまで、次の段階に進めます」

と、申し上げた。

翌日、奥塩原温泉の「むじなの湯」に行った。男女混浴の湯として、また湯の効用で有名なのである。ふたりで、時間をかけて湯に浸《ひた》った。熱い湯であるが、水で薄めると他の客に怒られるのが通例《つうれい》である。湯床は狭いので、大勢の人で混み合っていた。湯上がり後、宋さんがいう、

「ありがとう。いいですよね。久しぶりに、ゆったりした気分になりました」

と。

翌日、東京駅まで送ることになった。途中、上野公園に寄ることにしたのは、桜が満開だったからです。満開の桜を見に来た人々のほかに、色々の芸を披露《ひろう》している人たちがいました。

太平洋戦争で傷ついた人たちが、あの白衣の傷痍軍人《しょういぐんじん》の姿で合唱している。

三味線の音曲に合わせて歌う人々もいる。

満開の上野公園の桜

神楽《かぐら》の獅子舞《ししまい》を踊る人々もいる。

その周りを、多くの人たちが囲んでいる。

宋さんは、興味があるのでしょう、あちらもこちらも見て廻《まわ》った。そういう人でした。その日は、私はついて歩くのに苦労した。運悪く、持病の腰痛が出ていたのでした。一九九七年三月下旬でした。

この桜の満開の日のふたりの歩みが、最後の別れの日になってしまうとは…。

宋さんは、十一カ月後にはこの世を去ってしまったのです。そうでした。宋さんとの最初の出会いは、桜が咲き始める頃のことでした。

悔《く》やまれてならぬことが多い。私は、宋さんの真の朋友《とも》であったのかと…。「オリンピック精神」で行きましょうとの、ふたりの約束は、正しい選択《せんたく》であったのか…。宋さんの死に直面して考えたことです。

宋さんの墓前で、声に出すまいと思っても、止めようもなく号泣《ごうきゅう》したのは、そんな思いが駆け巡《めぐ》ったからでした。

楽しんだ神楽・獅子舞

日本の各地から中国大連市へは、毎日直行便が飛んでいる。

大韓民国と中国との間に、国交が回復されていなかった時代は、日本を発《た》った飛行機は、長崎上空を経由して上海付近まで行き、それから北上したのである。現在では、ソウル上空を飛んでいるから、逆風とならない春や秋なら、飛行時間は二時間三十分くらいである。

遼東半島《りょうとうはんとう》先端の大連空港を発《た》ち、山東《さんとう》半島の沖合を南下ののち東行し、四十分もするとソウル上空を通過する。一万二千メートルの上空から、晴れた日に鳥瞰《ちょうかん》できる景色は広大《こうだい》である。

仁川《インチョン》空港上空を経てほどなく、ソウル上空を通過して海上に出て、十五分くらい飛行するともう日本の島根県の全貌《ぜんぼう》が見えてくるのである。右手に、中海と宍道湖《しんじこ》を含む出雲《いずも》地方と米子の大山が見え、左手に、隠岐島《おきのしま》が望めるのである。古来、山東《さんとう》半島と大韓民国、大韓民国と日本との距離は極めて近いのです。

月に一度は、中国大連市へ出張しているが、帰りは、できるだけ右側の席に座ることにしている。ソウル上空から、南方を見ると、烏山《オサン》市と水原《スオン》市が眺望《ちょうぼう》できるし、宋さんのお墓が見える気がするからです。

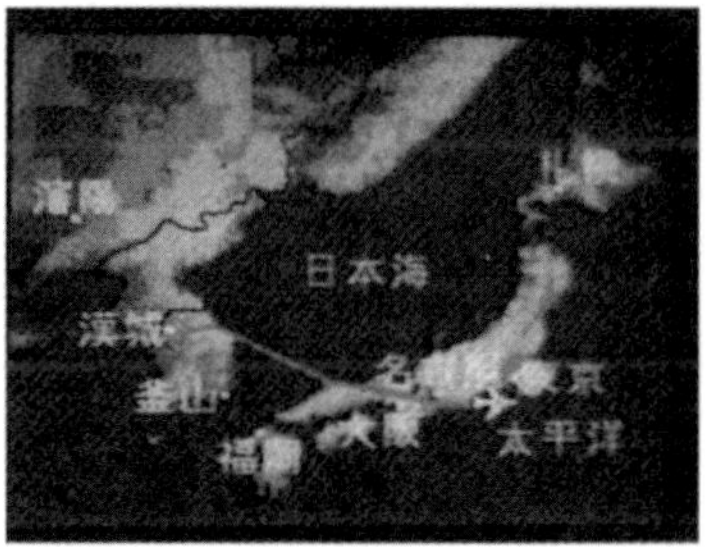

大連―ソウル・烏山―東京

中海・宍道湖・出雲

第二章　大韓民国の「金烏《きんう》（三本足の烏《からす》）」を探る

一、十一年ぶりの「烏山市《オサン》」訪問　…「烏山橋」は「烏山大橋」と変わる

ソウルに降り立ったのは、前回訪問した時の金浦《キンポ》空港でなく、完成して間もない新空港の「仁川《インチョン》空港」であった。

高玉女《こうぎょくにょ》さんは小柄で、はきはきとして、好感の持てる若き女性のガイドさんである。済州島《さいしゅうとう》の出身というが、高句麗の王族の姓は「高」とのことであるから、もしかしたら、その末裔《まつえい》なのかもしれないと思ったりもした。

「玉《ぎょく》」とは、白玉《はくぎょく》とか翡翠《ひすい》などの美しい石の意味である。「玉兎《ぎょくと》」というと月の別称のことである。高さんを、月の神さまが遣《つか》わしてくれたのかも知れない。

「日程表を見ましたら、歴史探訪《たんほう》なんですね。

歴史のガイドは初めてですが、一生懸命に前もって勉強しました。

わからない時には、教えて下さい」

と、いう。

これから、水原市《スオン》、大邱市《テグ》、釜山市《プサン》に三泊する。烏山市の老師《ろうし》ご夫妻にお会いしたり、歴史を探訪す

る、大韓民国の縦断旅行の始まりである。

あの時から数えて、丁度十年である。あの時というのは、宋さんと私の二人で、仁川視察に行った時のことである。

「宋さん、仁川から中国の大連市が見えますかね。

見えるはずもないと思いますが、行ってみませんか。

マッカーサー指揮による連合軍の上陸地点を見たいし…」

「見えるはずないですよ。

でも、歴史的に記念すべき場所ですから案内します」

空はどんよりと曇り、遠くの景色はかすんでいた。

仁川工場団地の様子を見て、ソウルに帰る車中で、宋さんが、

「実は、仁川湾の一つの島を崩《くず》して、新飛行場を造る工事が始まったのです。

ハブ空港です。

ここを起点と考え、世界への空路を開くのです。

将来の戦略上、従来の金浦空港では狭く、その任に堪えないのです」

と、いう。

ハブ空港とは、欧米では聞いたことがある。実現すれば、アジアで初の空港となるはずである。

二十年経っても、遅々として工事が進まず、初期の目的を達成できない、成田国際空港の状況を考えてみて、慄然《りつぜん》としたものである。

「米国は関与しているのですか。

なんとなく、そんな気がするのですが。

ある意味では、日本叩《たた》きかも知れないと思いますが」

と、問うと、宋さんは、しばらく黙っていたが、

「そう言えるかも知れません。

日本の地図帳を見ますと、世界の真ん中に日本が書いてありますよね。

世界の国々は、それぞれがそう書いていますから、その国の人は誰しも、自分の国は、世界の中心であると錯覚《さっかく》しがちです。

日本の人たちは、成田空港が国際空路の中心、又は、アジアへの玄関口と思うかも知れませんが、視点を変えてみると、別の価値観が生まれてきます。

仁川空港が完成しますと、二時間位で仁川に到着できる人々の人口は、大韓

金烏大橋

新装なった烏山市役所

民国、日本の一部と中国の一部を含めますと、数億人規模になるそうです。仁川《インチョン》新空港は、ハブ空港になれる可能性は大きいのです」

と、いう。

さすがに、宋さんだ。いい情報網をもっているし、よく勉強もし、洞察力はすごいなと思った。こんな思い出のある仁川空港に降り立って、感慨《かんがい》はひとしおであった。宋さんはもうこの世にはいないからです。

母と妻と連れ立って、十一年ぶりにソウルを訪問したのには、いくつかの目的がありました。かねがね、母も妻も、宋さんのお墓参りをしたいといっていたし、烏山《オサン》市を訪ねて、申源国《シンウオングック》先生と朴鐘宇《パクジョンウ》先生にお会いしたかったのです。

色々と手を尽くしたものの、宋さんのお墓の場所は終《つい》に分からなかった。

こうして三人で近くまで来ましたよ、私たちが来ているのをどこかで見てますよね。これから、十一年前に案内していただいた場所に行き、思い出を新たにします、と心の中で宋さんにいった。

母は墓参りの出来ないことを残念がっていたが、仕方のないことであった。

烏山《オサン》市内に入った。十一年前とは町の様子が一変していた。市役所は全面改築し、間もなく完成し使用を始めるという。

市のシンボルマークも新鮮である。

「ガイドさん、烏山市史があれば買いたいので、どこで買えばいいか聞いてきて下さい。市役所の方に」

と、お願いしたら、しばらくの時間が経ち、ガイドさんが息をつきつき戻って来ました。ダンボールの箱を抱えていた。にこにこしながら、

「観光課の人に、日本の烏山町《からすやままち》から来た人に依頼されました。十六年前に来たことがあるそうです、といったら、贈呈するから、差しあげて下さいと言われました」

と、いう。

「烏山市史」は、上巻と下巻で二千頁に及ぶ立派なものでした。宋さんの亡くなった年の、一九九八年に増補《ぞうほ》し再発刊されたものである。

以前に来たときの「烏山橋《オサン》」は、「烏山大橋」となっていた。

烏山市の位置
東経一二七度
北緯三七度

烏山市のシンボルマーク
丸はオサンのO（オー）
三羽は平和を象徴する鳩
山の形はオサンの山

その後、さらに成長し、再開発された市街地と市庁舎の美しくなった烏山市の姿に、うれしさを感じたものです。

烏山川

愛雲岩宅地開発（申源国先生撮影）

烏山市の金烏山公園山道（同）

二、老師御夫妻《ろうし》との再会の宴　…お酒は「百歳酒《ひゃくさいしゅ》」

申源国《シンウオングック》先生と朴鐘宇《パクジョンウ》先生にお会いする、約束の時間は午後六時でした。一時間前にホテルに到着したら、朴先生が出迎えて下さったのには驚きました。

四年ぶりの再会でしたが、ほっとした気持ちとうれしさが込み上げてくる。

先生は私たちと堅い握手をして下さる。すぐに朴先生と分かって、母も妻もうれしそうである。

「お母さん、疲れたでしょう。

シャワーを浴びて、少し休んで下さい。

約束の時間には、申先生たちも来ますから。

まだ、時間があります」

と、英語でいって下さる。

朴先生は、私たちが、早めにホテルに着くだろうとお考えになり、玄関で迎えようとなさったのだ。どの位の時間をお待ちになったのか、お聞きはしなかったが、とにかくにも、朴先生は、母を心から歓迎したかったのだと思います。

母のうれしそうな面もちを見ていると、三人でお邪魔《じゃま》して良かったとつくづく思ったものです。

少し休ませていただいて、笑顔満面《えがおまんめん》の申先生と再会する。

申先生と朴先生から、おふたりの奥様を紹介される。女性同士の思いは、自然に伝わるのでしょうか、母も妻もうれしそうで、女性の方々の存在感が、一挙《いっきょ》に増したような雰囲気である。

「申先生、朴先生、申し訳ないのですが、仕事の関係で、安さんという友人とここで会うことにしてあるのです。

夕食の場に同席させていただいてもよろしいでしょうか」

と、不躾《ぶしつけ》なお願いをするものの、快く、許して下さった。

私たちを、水原市で評判の「カルビ店」にご招待して下さった。水原市は、カルビの発祥《はっしょう》の地として有名なのです。

明るく機転《きてん》のきくガイドさんに、両先生御夫妻と母と妻との通訳を頼んで、しばし、別席で、私は安さんとお話をする。

「宋さんのお葬式の夜、お酒を酌み交わしてから三年半ですね。

宋さんのお墓を一生懸命に探して下さって、ありがとうございました。

残念ですが、お墓の場所は分からなかったそうですね。

あの辺であろうとは思うのですが、今回は、探す時間がありません。

お墓参りは、次の機会にします。

ところで、皆さんのいる席で、ご一緒にどうですか」

と、誘ったら、

「とんでもありません。

あなたのお話を聞くと、大先輩の方々ばかりです。

私のような若者が、席を同じくするということはできないのです。

自分のことは心配しないでいいです。

会えて良かった。いつでもいいから、また連絡下さい。

我が社の専務も、是非お会いしたいと言っていましたよ」

と、いう。

同じ席で一緒にお話したいと思った、身勝手《みがって》な自分の振る舞いを恥じつつ、両先生御夫妻のお待ちになっている席に戻ると、

「仕事の話は、うまく行きましたか。さあ、飲みましょう」

と勧められたのが、「百歳酒《ひゃくさいしゅ》」である。

九十一歳になった母の長寿を願って下さるお心が身にしみる。

「明日以降の予定はどうなっているのですか。

午前中、時間があれば、水原華城《スオンハソョン》を案内したいですよ」
と、両先生が誘って下さる。
「午後には、大邱市北の〝金烏山公園《きんうさん》〟に行きたいのです。
研究しているテーマが〝金烏〟ですから。
午前中しか時間がありませんが、よろしくお願いします」
と、申し上げたら、お二人とも笑っておいでになる。
四年前、我が故郷でお会いした時に、〝金烏〟のことをご説明してあった。
「不思議なご縁ですね…。
私の妻は、金烏山《キムオサン》の麓《ふもと》育ちで、両班《リャンバン》の出自《しゅつじ》なのです。
妻を嫁にもらう時に、挨拶に行きましたから、知っていますよ。
三山が在りましてね、それぞれ、
両班《リャンバン》の山　（両班の道理の山）
農民の山　（農民の道理の山）
泥棒の山　（泥棒の道理の山）
といいます。

行って、解《わか》らないことがあったら、私たちに聞いて下さい」

と、申先生が、おっしゃる。

「ありがとうございます。

申《シン》先生、実はお願いがあるのです。

こんな目次で本を執筆中なのです。

韓国の皆さんが読んでみて、間違っている箇所は訂正して戴けないかと思っているのですが…。

そして、申先生から贈っていただいた漢詩を掲載したいのですが」

と、申し上げ、お見せしたのがこの本の目次と第一章の原稿である。

快諾《かいだく》していただき、ほっとする。後日、校正した原稿と感想文を送って下さることとなった。

亀尾市の金烏山は三山

楽しき晩餐
水原はカルビ発祥の地

三、「孝城《こうじょう》」とも称される「水原華城《スオンハソョン》（世界文化遺産）」…烏鵲《うじゃく》（カササギ）と白兎《はくと》

翌朝は、晴天に恵まれ、やや暑かった。

申源国《シンウオングック》先生は軽装のネクタイ姿であるが、朴鐘宇《パクジョンウ》先生は、伝統衣装である白の「チョゴリ」を着ておいでになった。

朴先生のお姿を拝見していると、清々《すがすが》しく涼《すず》しげで、さすがに伝統的な衣装だと感服したものです。そんな心持ちになるのも、先生のご人格のゆえです。

「水原華城」は、別名「孝城」ともいい、「水原市」は韓国の「孝道」のシンボル的存在なのだそうです。

華城は朝鮮王朝後期の代表的な城郭であり、平地と山地にかかって築城し、軍事的防御機能と政治的商業的機能を合わせ持っていたという。

残っている遺跡は固有の美しさを持っていて、城郭全体が一つの芸術作品とみられ、一九九七年十二月に世界文化遺産に指定された。城壁の長さは五・七キロ、面積は一三〇ヘクタールと規模は大きい。

西暦一七八九年、朝鮮王朝第二十二代の王である「正祖王《チュンジョワン》」は、即位して十三年後、父の「思悼世子《サトセチャ》」の遺骸《いがい》を「揚州《ようしゅう》」から「花山」の麓に移した。このことが、八達山《はったっさん》一帯に新たな都市「水原」を建設する契機となります。

父は政争に敗れたというより、取り巻く人々の権力闘争に巻き込まれ、王位につくことなく、米櫃《べいひつ》に閉じ込められ、ひどい目に遭い死んだのです。父の無念さに心を馳せつつ、悼《いた》みの心を持って、正祖王は成長したといいます。

水原華城の城壁

水原華城の全貌

申《シン》先生が、

「父のそばに居たいという思いから、正祖王は、漢城《ハンソン》（ソウル）の遷都を真剣に考えたそうですが、実現しませんでした。しかし、その〝孝心〟は国民の心を動かしたのでしょう、水原華城《スオンハソョン》は、二年と十カ月で完成したのです。

こんないわれから、水原華城を孝城《こうじょう》ともいうのです」

と、説明して下さる。

「申先生、ご存じでしょうか。

カラスの子供たちは、巣立つ時には、自分で採った初めての食べ物を両親にあげるそうです。それで、〝烏孝《うこう》〟という言葉があるのですが」

と、申し上げると、

「知っていますよ。昨夜、あげた資料の中にあります。

大韓民国では、〝反哺鳥《バンポチョ》〟といいます。

老父母に飲食を提供するので、〝孝道鳥〟ともいいます」

と、申先生がいう。カラスに関して、大韓民国の人たちがどういう印象をもっているか、資料を前もって準備し、贈って下さったのです。

「実は、江戸時代中期の俳人で、草野巴人《くさのはじん》という方がいまして、こんな俳句を残しています。

美術的な城壁

巣の中を　立得《たちえ》ぬ烏《からす》や　花《はな》の山
烏山出身の俳人でして、有名な与謝野蕪村《よさのぶそん》の師でもあったそうです」

と、申し上げました。

「華虹門《ハホンムン》」を見て、小高き丘の上にある「訪花随柳亭《バンホワスルジョン》」に皆で佇む。

「あの辺に月が上ってきて、あの丸い〝龍池《ヨンチ》〟に、月が映ります。

まるで、天女が天から降りて来るような幻想にひたるということで、

〝龍池待月《りゅうちたいげつ》〟といいます。水原八景《スオンはっけい》の中で第一の景色です。

そして、あの池では〝兎《うさぎ》〟が遊びます」

と、申先生が、説明して下さる。

「水原八景《スオンはっけい》」の漢詩は、申先生の作である。城郭《じょうかく》を

華虹門と訪花随柳亭

華虹門

龍池に遊ぶ白鷺

洗馬台を望む

一周してみると、詩のすばらしさが良く分かるのです。

光教積雪　松青尤（光教山《カワンキョサン》に白雪積りて　松更に青さをまし）
八達清風　不待秋（八達山《バルタンサン》の清風は　秋風を待たず）
北池賞蓮　学孝心（北池《ほくち》で蓮花《はすのはな》を鑑賞して〈正祖大王〉の孝心《こうしん》をさとり）
西湖落照　知愛愚（西湖《さいこ》の落照《らくしょう》をのぞみ　君主《くんしゅ》の赤子《せきし》への愛を智恵《ちえ》す）
龍池待月　観仙境（龍池《りゅうち》で月を待てば　仙境を観る）
華虹観漲　知先秀（華虹門の虹は　先人達の知慧《ちえ》を教え習《なら》わす）
南堤長柳　繫我馬（南堤《なんてい》に垂《た》れた糸の如き柳　我が馬をつなぎ）
花山杜鵑　使人愁（花山の杜鵑《とけん》の悲しき鳴き声は　我が心をうるおす）

偶然、池の中央の大木の木陰に、尾の長い「鵲（カササギ）」が来た。中国大連でも、春先から、よく見かける鳥である。

もしかしたら、佐賀県の「県の鳥」となっている、日本の天然記念物に指定されている鳥ではないかと思った。筑後川流域のみに住むという。

いわれがあります。九州と関西を主力とする、朝鮮国に派遣された豊臣秀吉軍の一軍であった鍋島藩《なべしまはん》は、「カチカチ（勝ち勝ち）」と鳴くので縁起がいいと、その鳥を持ち帰ったといいます。このほかにも、説はあります。

「申先生、あの鳥は〝カチカチ〟と鳴きますか。」

「カチカチです。韓国では、カラスは少ないですが、あの鳥は多いですよ」

と、おっしゃった。

お話をお聞きしていて、太陽の中の「三本足の烏」と月の中の「兎」を想起《そうき》せざるを得ませんでした。…と、不思議なことです。「龍池」の中央へ一羽の〝白鷺《しらさぎ》〟が歩み出でて、私たちの目前にその姿を見せたのです。白鷺を神の使いとする神社も日本には多いのでして、白鷺舞《しらさぎのまい》を奉納します。代表的なのは、須佐之男命《すさのおのみこと》を祀る八坂神社《やさかじんじゃ》です。

「西将台《せいしょうだい》」は八達山の頂上にあり、四十キロ四方をここから眺望できるという。城内を見下ろすことができる。

「五方色《ごほうしき》」という方角を表す旗があり、東は青（青龍《せいりゅう》）、西は（白虎《びゃくこ》）、南は赤（朱雀《すざく》）、北は黒（玄武《げんぶ》）、中央は黄色である。風水《ふうすい》を元にして建設されたのが水原華城《スオンハソョン》なのです。

北方に、「光教山《クワンキョサン》」が見える。「光」は「孝」に通じ意味深く感じる。兎が遊び、猪が多く生息するという。

道のところどころに、「木槿《むくげ》（無窮花《ムクンホウ》）」の花が咲いている。五分咲きである。

「申先生、木槿ですね…」

と、申し上げると、

「この花は、大韓民国の国花なのです。

チマチョゴリの色のように、淡赤、白、淡紫と三色ありましてね、夏から秋にかけて咲きます。

花は朝に開き、夜にはしぼみますが咲き続けます。

この木の枝は繊維が多いですから、折《お》ろうにも折れにくいのです。

いにしえから、朝鮮半島の歴史は受難の連続でした。

くじける事なく、臆《おく》する事なく、奮闘《ふんとう》努力して行こうという志を、木槿に託しているのです」

花開く木槿

と、申先生が心情を込めて説明して下さった。

両先生にお願いして、宋さんとの思い出の場所の「宝積寺《ほうしゃくじ》」へ行った。お墓参りはできなかったものの、思い出のお寺で手を合わせ、菩提《ぼだい》を弔《とむら》いたかったからです。

前回ここを訪れた時に、母に手を携えてくれたのは宋さんだった。

今回は、朴先生が母の腕を抱え、ゆっくりと山道を上って下さる。ふたりは言葉は通じません。でも、我が母は、朴先生の暖かき腕のぬくもりとお心を感じていたと思います。

故事による通称であった「洗馬寺《セマサ》」という名称は、元々の名称であった「宝積寺《ほうしゃくじ》」になり、今は小高い山の一帯を「洗馬台《セマテ》」と称している。

「宝積寺駅」という駅名が、JR宇都宮線にある。不思議な親近感を覚える。

「宝積」とは字の通りですと、宝を積むというおめでたい意味になりますが、元来は仏語でして、「善を積む」という意味です。

この地域の人口が増えているのであろう、小高い山々の間には、高層アパートがいくつか見える。

「十年一昔とは良くいったものだね。十一年前とは違う景色だね」

と、妻にいう。母も妻も感慨深げだった。

洗馬台の宝積寺

石塔に置かれた人形

「洗馬台《セマテ》」近くのレストランで、「サムゲタン」を御馳走していただいた。

烏山インターチェンジの近くで、両先生はワゴンから降りられて、

「また、会いましょう。お母さん、お元気でね」

と、笑顔満面で送って下さった。

母も妻もうれしそうに、ご挨拶する。

また、必ず再会できることを願いつつ、「金烏山国立公園《キムオサン》」を目指《めざ》して、車は京釜《キョンフ》高速道路を走り始めた。

四、「烏山」という地名発祥《はっしょう》の謎を考証《こうしょう》する

(一) 那須国《なすのくに》(栃木県)の「烏山《からすやま》」の由来

現代においては、カラスは、大韓民国でも中国でも嫌われものである。日本ではどの地方でもよく見られるが、大韓民国では見ることは少ない。中国にいたっては、見る機会は全くないといってよいほどである。

不思議に思って、中国大連の人に聞くと、

「昔はいたのですが、農薬が原因で、いなくなりました。小鳥もそうです」

と、いう。

中国の人の中には、顔色を変えて、嫌《きら》いだという人もいるほどである。

しかし、嫌われもののカラスの名を使って、昔の人が地名にしたというのも不思議なことだと思いませんか。なぜ使用したのでしょうか。我が町「烏山」の地名発祥の研究は、こんな疑問から出発したのです。

色々な説があるのですが、こんな民話が残されています。

時は室町《むろまち》時代、那須与一《なすのよいち》の子孫で資重《すけしげ》という人がいまして、今まで拠点としてきた城を拡大、那珂川の東の山に築城しようとしましたら、金の御幣束《ごへいそく》をくわえた一羽のカラスが飛んで来て、川を越して、西の一番高い山の頂上に落としたのです。

これを見た資重《すけしげ》公は、「カラスは熊野《くまの》の権現《ごんげん》さまのお使いというから、熊野権現のお告げではないか」と、さっそく、その山に新しい城を造り、「烏山城《からすやまじょう》」と称したといいます。烏山の名の起こりとされています。

築城は一四一八年のこととされていますが、いずれにせよ、熊野三山との関係がうかがえます。熊野権現さまのお使いのカラスは、通称「八咫烏《やたがらす》」といわれ、神武天皇《じんむてんのう》を先導したことで知られています。三本足なのです。「三本足の烏」のことを、中国の古書では、「金烏《きんう》」とか「赤烏《せきう》」といいます。

熊野権現との関係で著名な方がいます。「一遍上人《いっぺんしょうにん》」です。「遊行上人《ゆぎょうしょうにん》」ともいわれる方ですが、本宮大社で修行し、熊野権現の啓示を受けて、「時宗《じしゅう》」を興したと伝えられています。

一遍上人熊野へ

その時宗のお寺が我が町にあり、「烏主山《おすさん》（又は、烏豊山《うほうさん》）極楽寺《ごくらくじ》」といいまして、その山号が面白いのです。「カラスが主人」又は、「カラスが沢山」というのです。

このカラスは、熊野権現の神さまのお使いであるカラスを暗示しているといっても差し支えないでしょう。山号《さんごう》から「烏山」とも関係が深いともいえます。

このお寺の創建は、一三〇六年との事《こと》ですから、「烏山城」は一一二年後に築城されたことになります。

こんな説もあります。「烏山志料《からすやましりょう》」という古文書がありまして、その中に、

「烏山呼称、文武天皇二年秋七月乙亥下野国ヨリ「赤烏」ヲ献ス

是ヨリ烏山ノ名始マル、距今二十七年」

と、あります。つまり、文武《もんむ》天皇二年（六九八年）七月に、下野《しもつけ》の国から「赤烏《せきう》」を朝廷に献上した。ここから烏山という名が始まり、今から二十七年前のことであるというのです。

「赤烏」の説明は、「延喜式《えんぎしき》」巻二十一治部省《じぶしょう》の条に記されています。

赤烏。三足烏。日之精也。

（訳…赤烏は、三本足の烏のことであり、太陽の精である。）

また、中瑞三十二種の内に、

白鳩。白烏《しろからす》。太陽之精也。（訳…白いハト。白いカラスは太陽の精である。）

実際には、三本足のカラスは存在しません。時に、突然変異《とつぜんへんい》で、「真っ白なカラス」が生まれてくることがあります。吉鳥《きっちょう》として、朝廷や幕府に献上したそうですから、その正体は、真っ白なカラスだったかも知れません。白いカラスは、我が町にも最近まで生存していました。

烏山志料のいいたいことは、「烏山の烏」は「三本足の烏」で、太陽の精であり、神さまのお使いであるということなのです。

余談ですが、文武天皇は、「赤烏（金烏、三本足の烏）」と極めて深い関係にある天皇なのですが、のちの章で書きたいと思っています。

烏山町の民話から

（二）大韓民国の「烏山市《オサン》」の由来

大韓民国烏山市の地名の由来については、前に少し触れました。

ひとつには、カラスが多いから。ふたつには、古い時代からその名は存在したということです。

水原《スオン》市史編纂委員で郷土史学者の「李悌宰」先生が書かれた「烏山地名考」によりますと、次のように書かれています。

「水原《スオン》」は、高句麗時代は「買忽《ソウル》」と表記したが、その後、唐国式で「水州《すいしゅう》」に直したが、一三一〇年に「水原」となって、今日に続いているという。

「烏山《オサン》」は、水原に含まれた地域でした。

「烏山」については、一四五一年に改撰された「高麗史」の元宗元年の項に、

「蒙古《もうこ》の使臣の束里大は、烏山《オサン》に陣を張った」という記録が見えると紹介されている。

元宗元年とは西暦一二六〇年であるから、高麗時代であるし、日本でいえば、鎌倉時代です。この時代に、「烏山《オサン》」は存在していたことになります。

三番目の説として、紹介されたのが、「伝説であるが、十七世紀（もしかしたら、一七〇〇年代）に、日本の友人との関係で烏山と変えた場所がある」ということでした。真実はともかく、不思議な伝説です。日本の友人とは誰かという謎《なぞ》が生まれてきます。時代は江戸時代となりますが、鎖国《さこく》時代ですから

外国から人は来ていないかといいますと、そうではなく、徳川幕府《とくがわばくふ》の時代に、朝鮮王国の朝鮮通信使《つうしんし》が、計十二回来日しています。両国の「烏山」という地名からすると、下野国烏山藩の藩主が浮かび上がってきます。朝鮮通信使が来日した時の、時の藩主《はんしゅ》を調べてみますと、次のように整理することができます。

西暦	使命	烏山藩主	役職	備考
一六〇七年	修好	成田氏長		
一六一七年	大阪平定	成田泰親		
一六二四年	家光襲職	松下重綱	対馬守	捕虜説諭
一六三六年	太平慶賀	堀　親良	美作守	日光山遊覧
※一六四三年	家綱誕生	堀　親昌	美作守	日光山致祭
※一六五五年	家綱襲職	同右	同右	日光大猷院致祭
一六八二年	綱吉襲職	那須資祇		
一七一一年	家宣襲職	稲垣昭賢	摂津守	新井白石の改革
一七一九年	吉宗襲職	稲垣昭賢	同右	常春公は若年寄
※一七四八年	家重襲職	大久保忠胤	山城守	
一七六四年	家治襲職	大久保忠郷	伊豆守	
一八一一年	家斉襲職	大久保忠成	佐渡守	

※は、本文と関係する烏山藩主。

十七世紀としますと、堀親昌公《ほりちかまさ》が注目されます。

親昌公は下野国の烏山藩主として、三十五年の長きにわたり統治し、藩民と家臣を哀れむ心厚く、政《せい》を敷《し》き、公役《こうえき》と家事《かじ》をおろそかにしなかったそうです。しかも、茶道《さどう》、舞《まい》、鼓《つづみ》などの雑芸もおさめ、いずれも造詣《ぞうけい》浅からず、という名君であったようです。歌学は古今集の伝を得て、烏丸光広《からすまみつまる》、飛鳥井政章《あすかいまさあき》などの批点《ひてん》を受け、多くの詩歌《しいか》を残している人です。

在任期間中に、朝鮮通信使は二度来日し、しかも、使節は二度とも日光を訪れています。日光は下野国に在るのでして、親昌公は準備に当たり、通信使との交流はあったはずです。

一七〇〇年代の事となりますと、一七四八年に来日した第十回通信使の時の藩主大久保忠胤《ただたね》公が注目されます。忠胤公は、通信使正使の「渡事」という役目を果していたことが「宗家文書《そうけもんじょ》」に記録されています。

父君常春公の跡を継いだ嫡子の忠胤公は、荻生徂来《おぎゅうそらい》に詩文の教えを受け、また、学識と識見に秀《ひい》で非凡《ひぼん》な人物であったという細井広沢《ほそいこうたく》との交誼《こうぎ》から、儒学《じゅがく》に関する教養の高さを推測できます。

忠胤公も、朝鮮通信使との交流を十二分に果たせる、素養を持ち合わせていた人物といえます。

三番目に、大久保常春《つねはる》公の可能性です。通信使《つうしんし》が一七一九年に来日した時は、江州三雲《ごうしゅうみくも》の藩主であり若年寄《わかとしより》でした。六年後に烏山藩主となります。

若年寄であった常春公と通信使の交流はあったのです。時の烏山藩主は稲垣昭賢《いながきあきとし》公ですが、常春公の親戚筋にあたります。

我が町に残っている「若林文書《わかばやしもんじょ》」に、「朝鮮人登城《とじょう》に付き、衣冠《いかん》を着して出仕《しゅつじ》」とありますのは、この時のことです。

通信使《つうしんし》の一行四七五名の正使《せんし》は洪致中《ホンチジュン》、副使《ふくし》は黄　璿《ファンシャン》、従事官《じゅうじかん》は李明彦《イミョンオン》、製述官《せいじゅかん》は申維翰《シンユハン》というそうそうたるメンバーでした。

吉宗《よしむね》公の襲　職《しゅうしょく》祝賀のために来日するのですが、幕府は歓迎します。

この時、対馬《つしま》藩の外交官として、また、真文役《しんぶんやく》として活躍したのが雨森芳洲《あめのもりほうしゅう》です。江州高月《ごうしゅうたかつき》の生まれである。常春《つねはる》公は江州の三雲の藩主でした。お互いに、江州という地縁から芳州との接触もあり、文化人の多い通信使の事情を熟知し、対応したと思われます。

いずれにしても、誰とは特定できませんが、大韓民国烏山に伝わる伝説が真実とすると、少なくとも、烏山という地名がご縁で、江戸時代に、すばらしい交流があったということは考えられます。

五、聖なる山の「金烏山《キムオサン》」は三山《さんざん》…亀尾《グミ》市長との偶然のご縁

申先生と朴先生と、烏山インターチェンジでお別れして、京釜《キョンフ》高速道路に入り、亀尾市の「金烏山国

立公園」に向かってワゴン車は走り続ける。

今日は、九月八日である。八の日は縁起がいい。何かが起きるかも知れない。

「道教」からいえば、七段階にまで人の修行が進むと、あなたを不老不死の仙人にしますと、金烏《きんう》（三本足の烏）が天上界から迎えに来るという。八段階以上は神仙の世界なのです。

山また山の山岳地帯の尾根の間を抜けつつ、南に向かう。時に小雨が降り、走る車の数が多い。

大田《テジョン》付近を過ぎ、長いトンネルを通過すると、あとはゆるい下り坂である。慶尚北道に入ったのである。江原道《カンウント》に次ぐ山岳地帯である。

秋風嶺休憩所にて

先史時代のこの地方の事情については、明らかにされていないことが多い。しかし、青銅器時代と初期の鉄器時代の遺物や遺跡が、太白山《たいはくさん》にその源流《げんりゅう》を発する洛東江《ナクトンガン》流域、そして、大邱《テグ》から慶州《キョンチュ》へとつながる地帯に集中して発見されることから、文化的にも政治的にも先進地域のひとつであったことは間違いありません。

太白山《たいはくさん》から南下する山脈は慶州に接しているが、平野部はその山間を流れる洛東江流域に形成された沖積平野《ちゅうせきへいや》と、小河川が作る小規模の平野の連なりである。沖積平野《ちゅうせきへいや》の最大のものが下流の金海平野《キムヘイ》であり、これに次ぐのが大邱《テグ》盆地であり、亀尾《グミ》盆地である。

一般的に、城邑国家《じょうゆうこっか》と呼ばれたクニがいたるところにあった。

慶尚北道には、国立公園が三つ、道立公園が三つある。風光明媚《ふうこうめいび》な景勝《けいしょう》の地であり、慶州をはじめとして仏閣や仏像の宝庫の地でもある。

秋風嶺休憩所《しゅうふうれいきゅうけいじょ》から一時間ほど走ると「金烏山《キムオサン》」が見えてきた。海抜《かいばつ》九七七メートルだから高いというほどの山ではないが、その名から推測すると、かなり古い時代から、霊山として崇《あが》められてきた信仰の山である。

まだ、太陽は高いが、もう夕方の四時頃である。充分に取材できる時間は少ない。この後《のち》、宿泊地の大邱まで走らねばならないのです。

「両班《リャンバン》の山」、「農民の山」、「泥棒の山」と三つの峰が連なる三山であり、「三道峰《さんどうほう》」ともいう。また、ある方角から眺めると、山容のシルエットが「仏さまの顔」に見えるので、別名「臥仏山《がふつざん》」ともいわれている。

亀尾《グミ》市内を過ぎて、金烏山の中腹まで車で行ける。

山頂付近には「海雲寺《ヘウンサ》」というお寺があり、そこまで簡単に行けるゴンドラが設置してある。「雲」が「印」となると「海印寺《ヘインサ》」となる。この金烏山の山並は、海印寺まで連なっているのです。

ハングルで書かれた記念碑の前で写真を撮っていると、切符を買いに行ったガイドの高玉女さんが、息をつきつき、興奮した面持ちで戻って来て、

「いま、亀尾《グミ》市長と会いました。

切符を売っている人に、金烏山《キムウサン》公園の資料はないですか、と聞きますと、ないというのです。

ところが、私が持っているから、あげましょうという人がいるのです。

亀尾《ブミ》市長の金寛容《キムカンヨン》さんです。

金烏の研究家が日本からわざわざ調査に来ています、と説明したら、大変に、喜んでくれてました。

会いたい、と言っています。今、来ます」

と、いう。

金寛容亀尾市長

環境保護宣言記念碑

金市長が近付いて来られた。握手を求められる。

記念碑の前での記念撮影をお願いしました。碑には、環境保護の大切さを説き、世界に先駆けて、亀尾市が環境保護宣言したことが記されている。自然保護宣言の発祥の地だったのです。意義深いことである。

「少し待って下さい。市の職員に車の中にある本を取りに行かせています」

と、金市長がいう。

母も妻も、何のことか、とっさに分からず、キョトンとしている。

偶然とはいえ、何とありがたいことであろう。数分違っていたら、ご縁はなかったであろう。

続けて、

「本が、完成したら送って下さい」

と、言われてびっくりする。どうやら、ガイドの高さんが宣伝したようだ。

水原《スオン》でのいきさつと、金烏に関する本を書いていることを説明したのでしょう。

車で帰られる金市長を、みんなで見送り、ゴンドラの下の駅までの石畳の山道を上っていくと、おぼつかない足取りで歩く男の子を連れたご夫婦が、後から続いて来る。子供がかわいいので、写真を撮り、

金鳥山から亀尾市を望む

亀尾市の動物の
シンボルは亀

ビデオに収めさせて戴いた。

お父さんが、喜んでくれる。

次のゴンドラまで少し時間があったので、休憩所で休んでいると、先ほどのご夫婦が、高さんと来て、家族三人の写真を差し出して、

「サインして下さい。私たちの幸福のしるしにしたいのです」

と、いう。何のことか理解できずに、高さんにたずねると、

「本の原稿を書いているでしょう。どんな人ですかと聞かれたので、作家ですと言ったのです。サインは、練習しておいて下さい」

と、にこにこしている。

共に白髪までお幸せにねとの意味を込めて、妻との連名で〃祈長寿多幸〃とサインしました。

「高さん、お二人に住所を書いてもらって下さい。後で、写真を送るから」

と、お願いし、書いてもらった宛て先が、亀尾《グミ》市環境衛生課である。市役所の職員だったのです。先

ほどの市長さんといい、不思議なご縁を感じざるを得ませんでした。

ガイドの高玉女《こうぎょくにょ》さんの名前がいい。高句麗の王族が高氏であったし、「玉兎《ぎょくと》」は月の中に住むという兎のことで、西王母《せいおうぼ》という神さまのお使いなのです。

高さんの玉女という名には、神秘的なものを持っているように感じられた。

海雲寺《ヘランサ》はこじんまりとしたお寺である。境内に立つと、手の届くほどの所に、岩肌の金烏山山頂が見える。

亀尾市の鳥のシンボルは烏鵲（カササギ）

海雲寺の大雄殿

先ほど市長から戴いた本の重要な部分を、高さんに翻訳をしてもらうと、

「昔、中国の唐時代のことだそうです。仏教の高僧が、お寺を建立しようと各地を歩いていたら、どこからか、三本足の金色《きんいろ》の烏《からす》が飛んで来たそうです。

その後について行くと、この山にたどりついた。しかし、金烏の姿は消えてしまったそうです。

高僧はここにお寺を造り海雲寺《ヘウンサ》と名をつけ、この山のことを金烏山《キムオサン》と名づけたそうです」

と、いう。

三本足の烏《からす》が道案内するという話は、どこかで聞いたことのあるお話だと思いませんか。そうです、神武《じんむ》天皇を案内したという「熊野《くまの》の八咫烏《やたがらす》」を彷彿《ほうふつ》とさせるのです。

私には逆のように思えるのです。もともと、金烏山と呼ばれた山があり、神々の宿る霊峰として信仰されてきた歴史があり、神仙思想があった場所に、仏教が伝わりお寺が建立された…のだと。

中国では、仏教を国教として重んじ、国の統治《とうち》に利用したのが、四世紀末に建国した「北魏《ほくぎ》」である。その遺産としての「大同石窟《だいどうせっくつ》」は有名である。

その後、仏教は東アジアの各国に、国を守る鎮護国家の宗教として伝播していくのです。仏教以前に民間で信仰されていたのは、自然の神々を崇拝する原始的宗教であり、道教《どうきょう》である。

道教には、金烏《きんう》という「三本足の烏」が登場するのである。機会をみて詳しくご紹介しますが、金烏は、これからは仙人ですよとのお告げを伝える役目を持つ、天上界からの神さまのお使いなのです。金烏が棲《す》む山ということで、金烏山と呼んできたのではないでしょうか。

慶尚北道の地図をよく見てみると、新羅《しらぎ》の国の首都であった慶州《キョンチュ》には、平地が少ない。むしろ、洛東江《ナクトンガン》沿いの大邱《テグ》市や亀尾《グミ》市の方に、広い平野が多いのです。

古代において、戦略的にも宗教的にも重要な位置にあったのが、亀尾市であったと考えられるのです。

大邱市の東方六十キロにある浦項《ほこう》市は、浦項製鉄所で世界的に有名です。その入り江が、慶尚北道《キョンサンブクト》の「迎日湾《げいにちわん》」です。

神話があるのです。

「延烏郎（ヨノラン）」が海辺で海草を採っていると、突然、海中から岩が現れた。それに乗ると、岩は動きだし、倭国（日本）に連れて行かれてしまった。倭国の人は、新羅《しらぎ》の国から来た人と思い、王として待遇した。

新羅に残された妻の「細烏女（セオニョ）」が嘆き悲しみ、海辺に行くと、再び岩が現れ、彼女も連れて行ってしまった。

二人がいなくなってしまった新羅《しらぎ》の国では、太陽と月がなくなってしまい、天地の光を失ってしまい、大騒ぎになったのです。

王の使者が二人を迎えに行ったが、天の命でこの地に来ているので、帰るこ

金烏祭壇

迎日湾

とはできないという。

「月の神」の織った細絹《ほそぎぬ》（上質の絹布）を渡され、持ち帰って祀《まつ》ったところ、新羅に光が戻ったというのです。「日月洞《にちげつどう》」はこの伝説にちなむ地名なのです。

高句麗古墳壁画に登場する「羲和《ぎわ》」と「常羲《じょうぎ》」を彷彿《ほうふつ》とさせる神話ですし、神代の古代における、新羅と倭国との交流を物語るものなのです。

下りのゴンドラを休憩室で待っていると、かわいい二人の子供を連れているご婦人がいる。子供たちを写真に撮ってあげようとすると、愛想《あいそ》を振りまいてくれる。私一人だったらこうはいくまい。母と妻と一緒だから、安堵感《あんどかん》と親しみを感じてくれているのでしょう。

ふと、韓国民族村での出来事を思い出す。世界のどこに行っても、子供たちはかわいらしくて純粋でいい。将来、大人になっても、隣国の日本と仲良くしてね、と思わずにはいられませんでした。

ガラスケースの中に飾られた「金色の鳥《とり》」が、目に飛び込んで来た。もしかしたら、「金の烏《からす》」ではないかと近寄ってよく見ると、「金色の鷲《わし》」である。

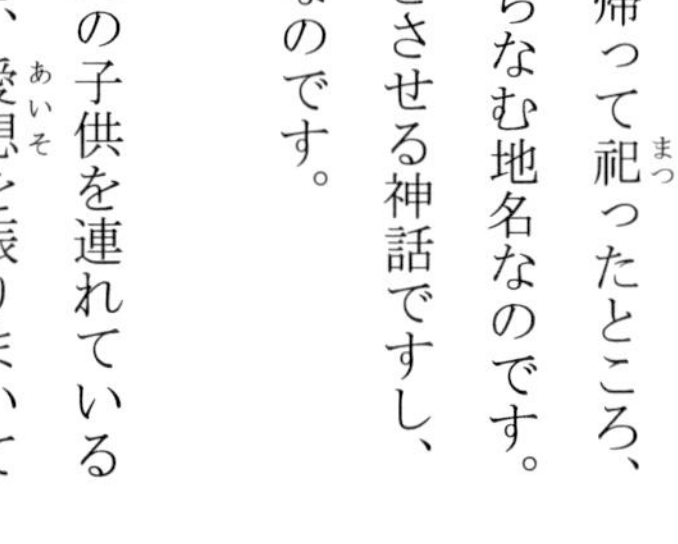
幸せそうな子供たち

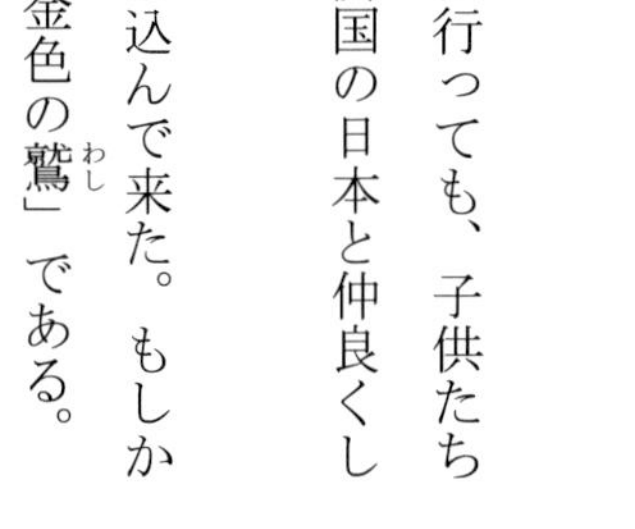
金鷲　金烏ではない

念のために、ガイドの高さんに聞く、

「これは、カラスですか」

「違います。金色の鷲《わし》です」

と、いう。不思議なことに、「金烏《きんう》」のはずが「金鷲《きんしゅう》」になっているのです。神武《じんむ》天皇が熊野山中での戦いで窮地に陥った時に、天照大神《あまてらすおおみかみ》のお使いとして「金鵄《きんし》」は登場します。ここ「金烏山」で発見するとは…、面白いことです。

再び、京釜《キョンフ》高速道路に入り南下する。

いつ再訪できるかもおぼつかないから、名残りは尽きない。

金烏山を何度か振り返って見ていると、西日《にしび》が雲間から差し込んで来た。神々《こうごう》しさを感じて、夢中でシャッターを押し続けた。

よく見ると、空に向かって横たわる「仏さまの顔」が見えるではないか。

敬虔な気持ちとうれしさが込み上げてくる。

金烏山を含む山並みが…、「臥仏山《がふつざん》」が遠くに見えるのです。

平坦な盆地を走り続ける。金烏山はしだいに小さくなっていくものの、右手には伽倻山一帯が望める。

遠ざかる金烏山公園
仏さまの顔が見える

信仰の山々が、神々しく見えたのです。

六、大邱《テグ》広城市友鹿里《ウロクトン》の「沙也可《サヤカ》」の人たち　…「金烏《きんう》の家紋」と「雑賀衆《さいかしゅう》」

陽が落ち、やや遅い時刻に大邱市のホテルに着いた。充実した一日でした。
明石《あかし》市の雑賀圭五《さいかけいご》さんからご紹介していただいた「崔鐘大《チェジョンテ》」さんに、ガイドの高さんから連絡をとってもらった。電話を代わったら、

「埼玉の知人から電話がありましたから、終日《しゅうじつ》待機していたのですが、おいでにならないのでないかと、心配していました」

と、おっしゃる。

しまったと思った。私の配慮《はいりょ》が、足りなかったのである。お送りした日程表を見ると、宿泊する日の欄に大邱市と書いてあったので、ご案内していただく日のように見えたのです。

事情を説明すると、崔さんは、

「残念ですが、明日は祝賀会があります。お会いできないのが残念です。
鹿洞書院《ろくどうしょいん》の常任顧問の金泰烈《キムテヨル》さんに連絡をとってあります。

大邱周辺図

十時に現地へ行って下さい。通訳もいますから、安心して下さい。
それから、賜姓《しせい》金海《キムヘイ》金氏宗会《きんしそうかい》の金在錫《キンジェソック》十四世宗会長は、結婚式があります。
しかし、披露宴を途中から退出するそうです。現地でお会いし、昼食を御馳走したいと言っていますよ」

と、とても流暢な日本語なので、大変びっくりする。

初めてお話しをするのに、しかも、日程に行き違いがあったにも拘わらず、明るいお声で言って下さった。心情あふれる言葉とご配慮に感激しました。

崔先生は、北海道の旭川生まれで、小学校六年生まで日本で学び、故国に帰り、慶北《けいほく》大学の獣医学科と経営学科を修《おさ》めた俊才《しゅんさい》の方である。長年に渡り、日本と大韓民国の国際親善に努力なさってきているのです。現在は大邱《テグ》市のタクシー会社の社長さんである。「友鹿里《ウロクトン》」を、日本に広めた功労者でもあるのです。

「雑賀圭五《さいかけいご》」さんは、鈴木・雑賀研究会の会長として、二〇〇〇年からホームページを開き、活動を続けておいでになるのです。研究会の名刺には、金烏（三本足の烏）の家紋が印刷されている。雑賀孫市《さいかまごいち》の末裔《まつえい》の方だからです。

雑賀さんと私の縁結びをしてくれたのが、「金烏《きんう》」なのです。

義兄の石塚雄久《いしづかかつひさ》さんから、特殊な溶接技術を持つ人を紹介してほしいとの電話があったのは、七年前のことである。東京商船大学時代の同級生である「サイカ」さんから、問い合わせがあると思うので、よろしくとのことだったのです。

「残念ですが、その技術を持つ技能者はいないです。

ところで、サイカさん、もしかしたら、雑賀衆の雑賀さんですか」

と、お聞きすると、

「そうです」

と、おっしゃるので、

「家紋《かもん》は、三本足の烏で八咫烏《やたがらす》ですね。私は、そのルーツを調査しています」

と、申し上げた。

大変な興味をお持ちになり、後日、宇都宮市まで出張でおいでになった時に、初めてお会いすることになったのが、雑賀さんとのご縁なのです。

故司馬遼太郎先生の小説に、「尻啖《しりくら》え孫市《まごいち》」というのがある。小説の中に、紀州の雑賀衆の頭として登場してくるのが、雑賀孫市である。

雑賀孫市の紋章

紀州雑賀屋本家
安田家の紋

三っ柏の紋

雑賀・鈴木家の紋章

橘の紋

うしろをむいて、町の雑踏のほうへ男は足をむけた。

背中で鳥がとびたっている。むろん黒く染めぬいた絵で、この男の定紋らしいが、その鳥は、足が三本。

「熊野鳥だな」

と、物識りは知っていた。熊野の神鳥で、伝説の八咫烏《やたがらす》である。神武天皇を大和へ先導したというあの神話の鳥のことだ。むろん実際は人間で、いや神様で、賀茂建津見命《かもたけつぬみのみこと》といい、神社は天下に三カ所ある。

しかし、この鳥を定紋にしている男というのも、めずらしかろう。

とにかく巨漢である。

歴史上、雑賀孫市《さいかまごいち》が著名なのは、三千挺の鉄砲を有した「雑賀衆《さいかしゅう》」を束《たば》ね、石山本願寺の側につき、織田信長軍と果敢《かかん》に戦ったからである。

孫市は、紀州和歌山の出自《しゅつじ》である。孫市の拠点とした城を「雑賀城」といったが、秀吉の甥である関白《かんぱく》秀次《ひでつぐ》が治めるようになった時から、「和歌山城」に改めたという。

日本書紀によると、紀州《きしゅう》は木が多いので、「木の国」とある。そうなのかも知れないが、疑問に思った時がある。中国大連で、私企業（個人経営）の社長を紹介された時のことです。

「紀（ジイ）です。よろしく…」

と、いわれて、紀州の「紀」は、氏族の姓であることに気がついたのです。

古代、紀ノ川《きかわ》周辺を拠点とした豪族《ごうぞく》がいて、朝鮮半島まで遠征したことが、日本書紀《にほんしょき》に書かれている。矢《や》の宮《みや》は「八咫烏」を祭神として祀り、孫市の氏神である。八咫烏《やたがらす》は、太陽の中に描かれ、太陽の化身または天上界の神のお使いなのです。

九月九日は「重陽《ちょうよう》の節句《せっく》」の日である。この日に、「友鹿里《ウロクトン》」を訪問することにしたのには意味がある。

重陽の節句とは、九が二つ重なり吉兆の日なのです。菊の咲く頃ですから、別名「菊の節句」ともいわれる。菊は古来薬草として重用され、長寿を願ってお酒に入れて飲んだのである。「菊酒《きくしゅ》」といいます。

こんな風習が友鹿里に残っているのかどうか、また、雑賀一族《さいかいちぞく》が家紋《かもん》とした金烏（三本足の烏）が、存在しているのかどうかに関心があったのです。

九月九日には、京都上賀茂神社《かもじんじゃ》では「からす相撲」なる神事が毎年行われている。神事《しんじ》に登場する「刀弥《とうや》」が「烏鳴《からすな》き」し、「三々九度」跳《と》びするのです。

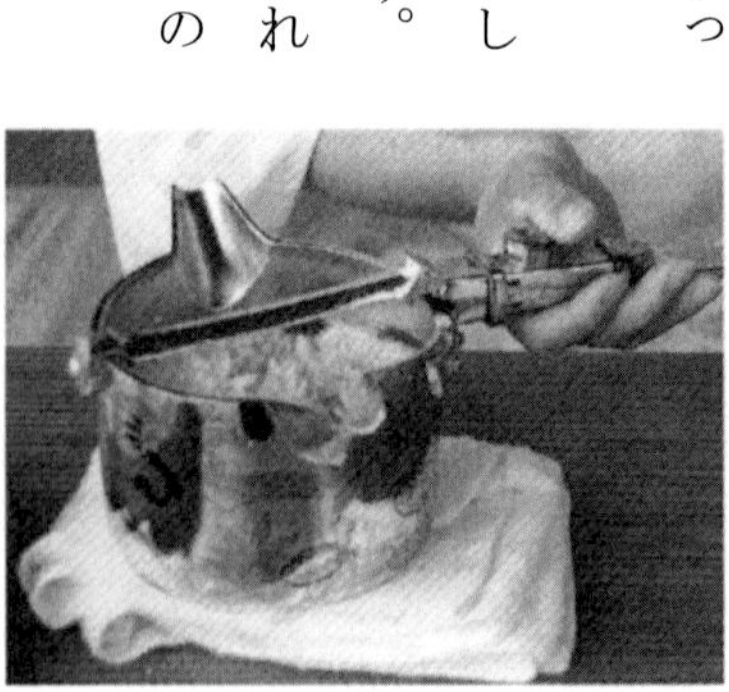
重陽の節句「菊酒」

さてここで、友鹿里《ウロクトン》の「沙也可《サヤカ》」のことを説明しておかねばなりません。

一五七二年から足掛け七年にわたる、豊臣秀吉による「壬辰《イムチン》・丁酉《チョンユウ》の倭乱《ワラン》（日本では文禄《ぶんろく》・慶長《けいちょう》の役《えき》）」は、朝鮮国の人民に大きな被害を与え、禍根《かこん》を残した戦いでした。

二百年に及ぶ平和な時代を過ごしてきた朝鮮国は、文の分野が尊重されたものの、武の分野は軽んじられ、外的侵略に対する備えは時代とともに忘れられていたのです。当時、朝鮮国は鉄砲を持っていませんでした。鉄砲の大きな音を聞き、戦意を喪失《そうしつ》し、戦わずして朝鮮軍は退却《たいきゃく》したといいます。

しかし、秀吉軍に反旗をひるがえし、朝鮮国の人民の味方となってしまった人たちがいたのです。心ある日本人もいたのです。それが「沙也可《さやか》」の人々なのです。戦争が終結してのち、現地に残り、住みついた場所が、達城郡友鹿里の山里なのです。

沙也可の人々の事績と歴史を記した「慕夏堂文集《ぼしどうぶんしゅう》」が世に出たのは、それから一四六年後のことです。

明治時代、韓日併合を画策した人たちにとって、この書は邪魔《じゃま》でした。沙也可を逆賊、または売国奴という表現をもって、捨て去ろうとする人たちもいたのです。「慕夏堂文集」を偽物としたのです。

一方、朝鮮王朝の文献である「李朝実録」に、その事績が述べられていることを知り、真実のこととして世に発表した人がいます。「中村栄孝先生」でした。

また、「沙也可」の出身地はどこか、どんな人たちであったのか、紀州雑賀衆《きしゅうさいかしゅう》と朝鮮半島との関わりあいに注目し、昭和三十七年九月号の「歴史読本」に発表したのが「神坂次郎《こうさかじろう》」さんでした。鉄砲という技術集団に注目したのです。

京都上賀茂神社の烏相撲
刀と弓矢で所作をし…

祈る刀弥と子供たち

大邱《テグ》市のホテルを出発して、小雨の降りしきる中を「友鹿里《ウロクトン》」に向かう。

市街地を離れ、川沿いに西に向かうと、三十分ほどで友鹿里に着いた。

中心街を過ぎると、ガイドの高さんが、心配して、

「お会いする約束の時間まで、あと一時間あります。どうしますか」

と、いう。

「せっかくの機会だから、行ける所まで行きましょう」

と、いう。山の中腹まで行き、友鹿里《ウロクトン》を見下ろしてみる。里の中心部から三キロほどの場所である。

きちんと整備された棚田《たなだ》を見ていると、日本の山村《さんそん》の田園風景を思い出さざるを得ない。風景がとてもよく似ているのです。

帰り道の、ところどころに看板があるので、

「なんて書いてあるの」

と、問うと、

「食堂と民宿です。

霧に霞む友鹿里

春になると、日本人も韓国人もここに来るそうです。

家族や友達と連れ立って、ハイキングに来る人たちが増えているそうです」

と、運転手から聞いて、高さんがいう。


約束の時間に、忠節館《ちゅうせっかん》（鹿洞書院《ろくどうしょいん》）に到着すると、急に雨が強くなり、雷鳴が轟いた。山間部だから、音が長く響き渡る…。歓迎のしるしと感じた。

常任理事の金さんが、いう、

「この雨では、お墓参りは無理です。

慕夏堂金公《ぼかどうきんこう》の祭壇でお参りして下さい」

お参りの仕方を教えていただき、儒礼《じゅれい》で「三跪九拝《さんききゅうはい》」する。

参拝が済むと、

「昼食をご馳走《ちそう》しましょう。間もなく、宗家《そうけ》会長ご夫妻も到着します」

と、案内していただいたのが、宗家会長の経営する食堂でした。

入口の暖簾《のれん》をくぐると、目に飛び込んで来たのが、「百歳酒《ひゃくさいしゅ》」の宣伝ポスターである。右上には「三本足の烏」が書かれている。ここで目にするとは…不思議なことです。昨晩、水原《スオン》で御馳走になったお

忠節館（鹿洞書院）

酒です。

あの亡くなった「宋哉変」さんと一緒に見た「ああ高句麗展《こうくりてん》」のシンボルマークが、そこにあるのです。

「百歳酒」の醸造元は大邱《テグ》だと聞いて、ガイドの高さんは、早速、会社に電話する。そのいわれを調べようとしたのです。

「今日は日曜日で、会社は休みです。分かる人はいません」と、いい、残念で仕方がない、という面《おも》もちでいる。


宗家会長ご夫妻が到着した。おふたりとも笑顔を満面に浮かべ、心から歓迎して下さる。初対面なのにと、母も妻も感激しきりであった。

お話を続けているうちに、日本の歴史教科書のことが話題となった。当時、両国は、教科書問題で揺《ゆ》れていたのです。

私は事前に読んでいた。質問されてもいいと覚悟《かくご》して臨《のぞ》んだ今回の旅行でしたから、心に多少の余裕《よゆう》はあったのです。

私は申し上げた、

慕夏堂金公遺跡碑と祠堂

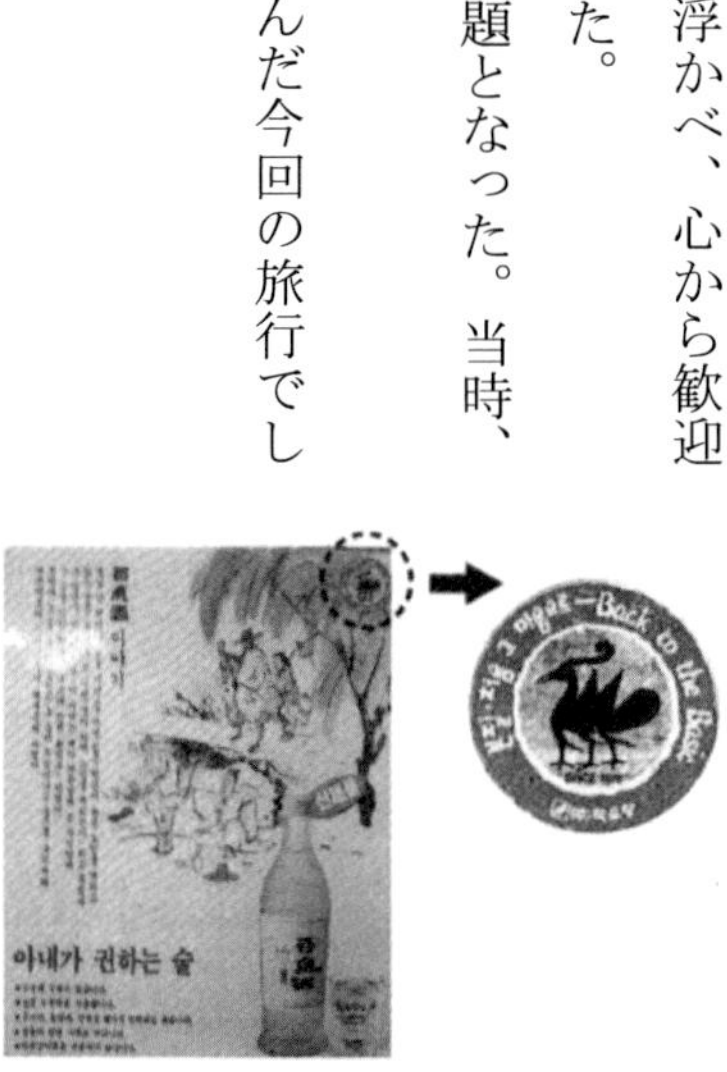

ポスターの三本足の鳥

「大韓民国の人たちが問題だとしている箇所を是非お聞きしたいですね。鹿洞書院《ろくどうしょいん》には、日本で長く仕事をした方もいますし、その方も交《まじ》えて、そちらでお話ししませんか」

と。鹿洞書院に戻った。

お話しは続けたものの、教科書問題は二度と出てきませんでした。金宗家会《キムそうけ》長が愛知県の新城市《しんしろし》へ親善交流で行った時の思い出話や、知事をはじめとして和歌山県の人たちが大勢来た時の話に終始《しゅうし》したからです。

実は、水原《スオン》での宴《うたげ》の時も教科書問題は出たのですが、後日、申源国先生は次のように書き送って下さったのです。

「韓日間で最も敏感であった教科書問題にも、深い関心を持っている貴方《あなた》に感謝します。幸いにも、全面採択《ぜんめんさいたく》に至らなかった点を振り返って見ますと、世界に向かって飛躍している大乗的《だいじょうてき》な日本人を見ているようで、頼《たの》もしく力強い気がしました」

と。

豊臣秀吉による「壬辰《イムチン》・丁酉《チョンユウ》の乱《ラン》」にしても、攻めた側と攻められた側では、

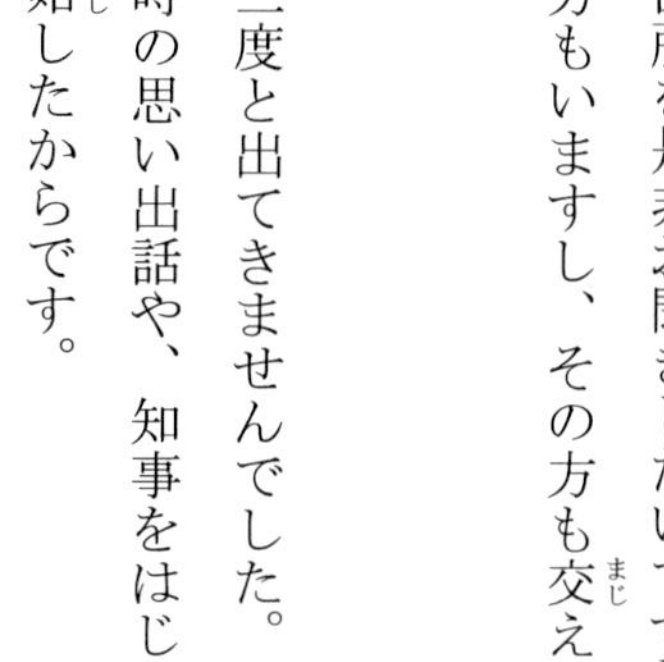
展示遺物

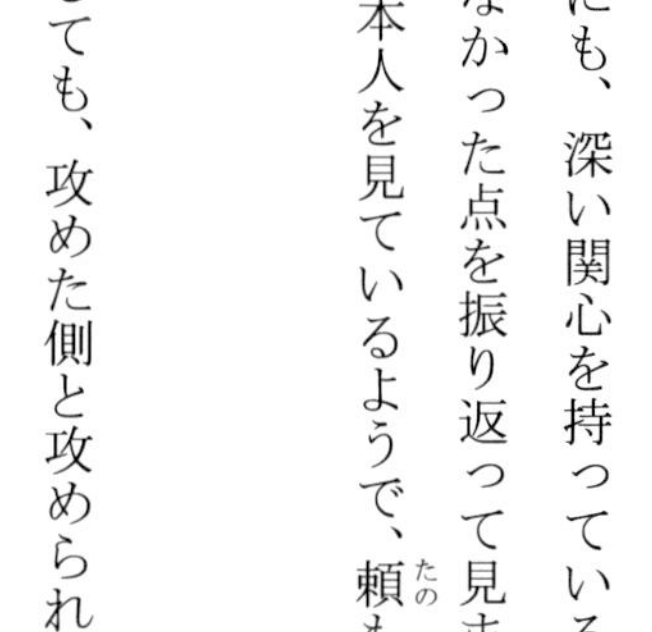

和歌山県の人々をはじめ多くの人たちが訪問

受け止め方と考え方に、一八〇度の違いが生まれてくるのは当然です。

それぞれの国にはそれぞれの歴史があります。古代から近世に至る歴史について、文献によるだけでなく、実際の歴史的場所に赴き、歴史を見直してみることも大切なことです。

日韓両国の歴史学者は、より交流し話し合うべきだと私は思うのです。そんな中から、いい知恵が生まれることを願っている者です。相互の理解と融和《ゆうわ》は、平和共存の第一要件なのですから…。

故司馬遼太郎《しばりょうたろう》先生は、三十数年前に友鹿里《ウロクトン》を訪ね、「韓《から》のくに紀行《きこう》」の一項「沙也可《さやか》の実在《じつざい》」で、次のように書いている。

彼女は沙也可とか金忠善将軍とかいうような名前を出し、この村がかつての日本武士の村であるというので、このイルボン・サムライたちはやってきたのだ、という意味のことをいった。

それに対し、老翁ははじめて口をひらいた。低い声であった。

「それはまちがっている」

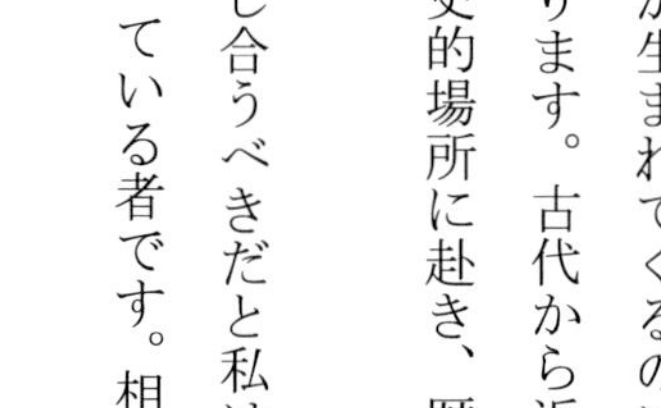
鹿が飼育されている

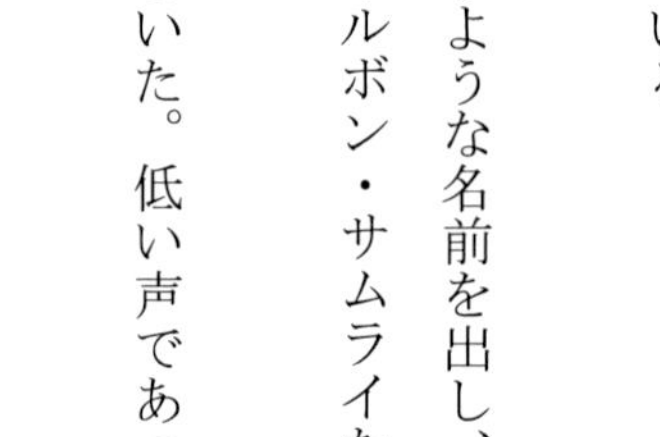
両班の人たちの里

と、老翁はゆったりとした朝鮮語でいうのである。それはというのは、そういう関心の持ち方は―という意味であった。

「こっちからも日本へ行っているだろう。日本からもこっちへ来ている。べつに興味をもつべきではない」

と、にべもなくいったのである。

ミセス・イムの通訳がおわると、私はそのにべもなさが可笑しく、声をあげて笑ってしまった。老翁がわれわれに語ったのは、それだけであった。言い終わると老翁は私の顔をみて、はじめて微笑した。

七、「国立金海《キムヘ》博物館」　…こわいほど、日本のそれと似る出土品

国立金海博物館に着いたのは、夕闇《ゆうやみ》せまる午後六時でした。雨のために高速道路が混んでいたのです。見学はできないと諦《あきら》めていたら、三月から十月の土曜日と公休日は、午後七時まで開館しているのです。大韓民国はありがたい国です。

成田市の伊藤さんにご紹介していただいた学芸員の「崔恵晶《チエエジョン》」さんが、全館を案内して下さった。堪能《たんのう》な日本語にびっくりする。

この博物館は、古代伽倻《かや》諸国の遺物を集めて、古代文化の流れを体系的に時系列的に整理し展示して

ある、古代史専門の博物館なのです。

南朝鮮半島の大河《たいが》である洛東江《ナクトンガン》の流域と海に面したこの地方に、人々が暮らし始めたのは旧石器時代からです。

新石器時代になると人々は定住生活を行うようになり、磨製《ませい》石器と土器を用いるようになった。食文化が変わったのです。

各地から、日本列島の縄文土器《じょうもんどき》と、九州の腰岳《こしだけ》産の黒曜石製《こくようせきせい》の石器も出土している。新石器時代の「統営煙臺島」出土の土器と鏃は、縄文時代の日本の土器の鏃と瓜ふたつである。

統営煙臺島出土の土器
（国立金海博物館から）

土器は薄いものがある。陶土に獣毛《じゅうもう》を交ぜているから、薄く出来たのです。当時のハイテク製品である。熱の伝導はいいし、壊《こわ》れにくいのですから。

五世紀頃の鉄剣、鉄製の馬冑《ばちゅう》、鞍金具《くらかなぐ》、筒形器台《つつがたきだい》なども日本で出土するものと非常に似ているのである。似ているというよりも全く同一品なのではないかと思われるくらいなのである。

遺物を目のあたりにすると、古代からの伽倻《かや》地方と倭国両地域の交流の深

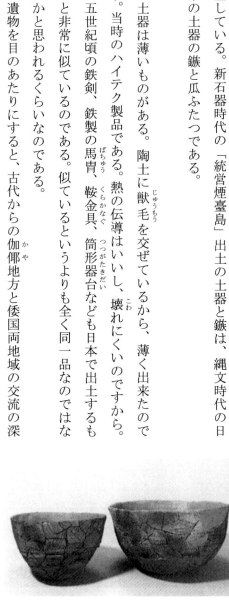

さに驚きもし感嘆しました。

紀元前一〇八年、古朝鮮《こちょうせん》（衛満《えいまん》朝鮮）が滅亡した後に、朝鮮半島の南部には馬韓《ばかん》・辰韓《しんかん》・弁韓《べんかん》という三つの政治体があった。

一般的には、洛東江《ナクトンガン》を境として東側には辰韓《しんかん》の勢力が、西側には弁韓《べんかん》の勢力があったという。

弁韓は、中国の郡県であった楽浪郡《らくろうぐん》と帯方郡《たいほうぐん》、馬韓、倭《わ》などと、自国産の鉄を媒介として交易していたことが、「魏書東夷伝《ぎしょとういでん》」に記録されている。

弁韓には十二の小国といくつもの小さな邑《むら》があったが、のちに、金官伽倻《きんかんかや》・阿羅伽倻《あらかや》・小伽倻・大伽倻《かや》の四つの勢力に成長発展した。

この時期には、中国の後漢文化の影響から、鉄器文化の普及が加速される。

紀元四〇〇年に、新羅《しらぎ》の要請《ようせい》を受けて南下して来た、高句麗《こうくり》「好太王《こうたいおう》」の軍が伽倻諸国を攻撃した。金官伽倻をはじめとする洛東江下流域の伽倻勢力は、大きな打撃を受けたのです。

その後、百済と強大国になった新羅《しらぎ》との戦争のはざまにおかれた大伽倻は、新羅の攻撃を受け、五六二年に滅亡するのです。

六六〇年に百済が、六六八年に高句麗が滅亡するのですが、その後、新羅《しらぎ》は唐《とう》と戦い、六七六年には

日本の新石器時代の土器（ＮＨＫ…日本人はるかな旅から）

統一新羅を形成し、鴨緑江《おうりょくこう》以南の朝鮮半島を領土とすることになるのです。

伽倻《かや》、百済《くだら》、高句麗《こうくり》などの王族、芸術家、数多くの工人《こうじん》、農民たちの多くの人々が、倭国を目指して渡来して来たのがこの時代なのです。

遠く太白山《たいはくさん》に発する洛東江《ナクトンガン》は、安東《アントン》、亀尾《グミ》、大邱《テグ》を経て、金海平野を蛇行して釜山《プサン》の東の金海《キムヘ》に至る。

洛東江は、古代の人々の経済、政治、文化の交流路だったのです。

三国志東夷伝韓條に「弁辰出鐵　韓濊倭皆従取之　諸市買皆用鐵如中国用鐵　又供給楽浪帯方郡」とありますから、洛東江流域は鉄を産する所だったのです。

倭人條には、帯方郡から倭に至るには、韓国の「狗邪韓国（後に金官伽倻）」より出でて、初めて海を渡る。一千余里で對海国（今の対馬）、南渡一海千余里で一大国（壱岐）、そして、渡海一千余里で倭の末蘆国や伊都国に至ると、「魏志倭人伝」で陳寿は記しています。

古代、韓半島先端の洛東江河口付近の「多大浦（タデーボ…タタラの語源とも）」と倭国は、海と島々をつなぐ糸のような海路で密接につながっていたのです。

釜山港から水中翼船「ビートル」に乗り海を渡ると、古代人と同じような大きな希望と感動を覚えることが出来る、お勧めのコースです。

「遺跡と遺物が語る列島の古代新史」の編者　横浜市　渡辺俊男氏の紀行文

洛東江の悠久の流れ（多大浦《タデーボ》への船上から）
「あかる姫物語」の著者　成田市　伊藤昭男氏撮影

【資料御提供など御協力戴きました方々】

「大韓民国」

☆ 烏山市　　申源国様
☆ 烏山市　　朴鐘宇様
☆ 烏山市　　烏山市役所様
☆ 亀尾市　　市長金寛容様
☆ パジュ市　悦話堂　代表李起雄様

「中華人民共和国」

☆ 吉林省通化市　吉林大学教授耿鉄華様
☆ 遼寧省瀋陽市　揚丙申様
☆ 遼寧省大連市　高吉霖様
☆ 遼寧省大連市　由東方様
☆ 四川省　三星堆博物館　四川省文物考古研究所遺跡工作站様
☆ 北京市　都江堰、北京故宮　中国国家地理雑誌社様
☆ 湖北省　太陽神話、七夕神話　湖北海豚卡通有限公司様

☆北京市　中国龍　中国電影出版社　様

☆北京市　天壇　中国民族撮影芸術出版社　様

☆北京市　長江文明の謎　著者　徐　朝　龍　様

☆内蒙古自治区　内蒙古自治区博物館　様

☆山東省　山東省文化庁文物処　様

「日本国」

☆東京都　宮内庁書陵部　櫛笥　節雄　様

☆京都市　総本山仁和寺門跡　管　長　佐藤　令宜　様

☆和歌山県　熊野本宮大社　宮　司　九鬼　家隆　様

☆神戸市　生田神社　宮　司　加藤　隆久　様

☆京都市　高山寺　管　長　小川　千恵　様

☆京都市　京都国立博物館　様

☆京都市　京都文化博物館・京都新聞社　様

☆東大阪市　司馬遼太郎記念財団　館　長　上村　洋行　様

☆奈良県　高松塚古墳　奈良文化財研究所　飛鳥資料館　様

【資料御提供など御協力戴きました方々】

☆　明石市　鈴木・雑賀一族研究会　会長　雑賀　圭五　様
☆　茨城県　茨城県立歴史館　様
☆　韓国と日本の歴史地図　著者　武光　誠　様
☆　中国神話・伝説大事典　著者　袁　珂　様
☆　中国の神話伝説（上・下）　訳者　鈴木　博　様
☆　古代東アジア世界と天皇神話　著者　米谷　匡史　様
☆　東京都　日本周恩来展実行委員会　様
☆　名古屋市　名古屋市立博物館　様
☆　名古屋市　春日大社藤裔会理事・大聖寺門跡　顧　問　橋本　孔夫　様

【参考文献】

1　玉置善春「熊野とカラスについての覚書」（紀州史研究四　国書刊行会　一九八九年）
2　南方熊楠「牛王の名義と烏の俗信」（南方熊楠全集二　平凡社　一九七二年）
3　からすフォーラム編集委員会編「烏の本」（烏山商工会むらおこし事業実行委員会　一九九四年）
4　悦話堂編集室編「韓日交流二千年」（大韓民国　悦話堂　一九八六年）
5　李悌宰「烏山地名考」（大韓民国　郷土史研究資料輯第八号　一九八九年）
6　李悌宰「烏山地名考」（大韓民国　烏山郷土探求　烏山文化院　一九九六年）
7　上田正昭「朝鮮通信使―善隣と友好のみのり」（明石書店　一九九五年）
8　京都文化博物館・京都新聞社「こころの交流　朝鮮通信使」（京都文化博物館・京都新聞社　二〇〇一年）
9　朴春日「朝鮮通信使話」（雄山閣出版　一九九二年）
10　烏山市編「夢と希望の都市　烏山」（大韓民国　烏山市　二〇〇三年）
11　水原市編「華城と祭り」（大韓民国　水原市二〇〇〇年）
12　烏山町史編集委員会編「烏山町史」（烏山町　一九七八年）
13　亀尾市編「民族の霊山　金烏山」（大韓民国　亀尾市　一九九九年）

14 亀尾市編「亀尾市案内」（大韓民国 亀尾市 二〇〇〇年）
15 ソウル特別市（根の深い木）社編「新・韓国風土記 第五巻」（読売新聞社 一九八九年）
16 金両基「韓国の史を歩く」（みずうみ書房 一九八八年）
17 大邱広域市観光課編「大邱観光の道しるべ」（大韓民国 大邱広域市 一九九七年）
18 司馬遼太郎「尻啖え孫市」（講談社 二〇〇四年 第六九刷）
19 司馬遼太郎「韓のくに紀行」（街道を行く 二巻 朝日新聞社 二〇〇〇年 第三〇刷）
20 内倉武久「謎の巨大氏族・紀氏」（三一書房 一九九四年 第二刷）
21 鹿洞書院編「金忠善沙也可・友鹿里」（大韓民国 鹿洞書院編 二〇〇〇年）
22 神坂次郎「韓国に沙也可の村を訪ねて」（歴史街道 ＰＨＰ研究所 二〇〇一年）
23 韓国文化院監修「古代の韓国と日本」（学生社 一九八八年）
24 司馬遼太郎・上田正昭・金達寿編「朝鮮と古代日本文化」（中央公論社 一九九八年 八版）
25 片野次雄「李朝滅亡」（新潮社 一九九七年 三刷）
26 鮮于煇・高柄翊・金達寿・森浩一・司馬遼太郎「日韓 理解への道」（中央公論社 一九九七年 五版）
27 古田武彦「古代通史」（原書房 一九九六年 第二刷）

28　国立金海博物館編「国立金海博物館」（大韓民国　通川文化社　一九九九年）
29　渡辺俊男編「遺跡と遺物が語る列島の古代新史」（発行　渡辺俊男　二〇〇三年）
30　倪軍民・耿鉄華・楊春吉「中国学者高句麗研究文献叙録」（中国　吉林人民出版社　一九九七年）
31　揚春吉・耿鉄華・倪軍民「高句麗歴史籍滙要」（中国　吉林人民出版社　一九九八年）
32　耿鉄華「好太王碑新考」（中国　吉林人民出版社　一九九四年）
33　森浩一・ＮＨＫ取材班「騎馬民族の道はるか」（日本放送出版協会　一九九四年）
34　小林惠子「広開土王と倭の五王」（文藝春秋　一九九六年）
35　読売新聞社編「This is 読売：特集見えてきた〝空白の四世紀〟」（読売新聞社　一九九九年　二月号）
36　譚基驤主編「中国歴史地図集第二巻」（中国　中国地図出版社　一九九六年　重版）
37　高句麗文化展実行委員会編「高句麗文化展図録」（高句麗文化展実行委員会）
38　朝鮮日報社編「集安古墳壁画」（大韓民国　朝鮮日報社　一九九三年）
39　揚寛「中国古代陵寝制度史研究」（中国　上海人民出版社　二〇〇三年）
40　武光誠「韓国と日本の歴史地図」（青春出版社　二〇〇二年）
41　新楽遺跡博物館編「新楽遺跡」（中国　新楽遺跡博物館　一九九三年）

42 日本周恩来展実行委員会編「周恩来展」(日本周恩来展実行委員会　一九九二年)
43 成都武侯祠博物館編「武侯祠―匾額対聯注釈」(成都武侯祠博物館　一九九六年)
44 中国国家地理雑誌社編「中国国家地理―四川特集」(中国　中国国家地理雑誌社　二〇〇三年　九月号)
45 司馬遼太郎「中国・蜀と雲南のみち」(街道を行く　二〇巻　朝日新聞社　二〇〇二年　十七刷)
46 徐朝龍「長江文明の謎―古代〝蜀〟王国の遺宝」(双葉社　一九九九年)
47 三星堆博物館編「三星堆博物館」(中国　三星堆博物館)
48 柴劍虹・李肇翔主編「山海経」(中国　九州出版社　二〇〇一年)
49 コリンヌ・ドゥベーヌ＝フランクフォール著　南條郁子訳「古代中国文明」(創元社　一九九九年)
50 呉言生「道教故事」(中国　陝西旅游出版社　二〇〇一年)
51 梁海明訳注「道徳経」(中国　書海出版社　二〇〇二年)
52 梁海明訳注「老子」(中国　山西古籍出版社　二〇〇一年　第二刷)
53 梁海明訳注「庄子」(中国　山西古籍出版社　二〇〇一年　第二刷)
54 小向正二編集「道教の本」(学習研究社　一九九四年　第七刷)
55 黄至安主編「南嶽道教」(中国　国際炎黄文化出版社　二〇〇〇年)

56 レイチェル・ストーム、山本史郎・山本泰子訳「世界の神話百科（東洋編）」（原書房　二〇〇〇年）
57 吉野裕子「陰陽五行と日本の民俗」（人文書院　一九九九年　十七刷）
58 山口修著・宮崎正勝改訂「中国の歴史がわかる！」（三笠書房　二〇〇三年）
59 呉康主編「中華神秘文化辞典」（中国　海南出版社　二〇〇二年　二刷）
60 人民教育出版社歴史室編「中国歴史　第二冊」（中国　人民教育出版社　一九九〇年）
61 揚培均「館蔵精品鑒賞」（中国　陝西人民教育出版社　一九九六年）
62 日本経済新聞社編「中国美の粋　中国歴史博物館名品展」（日本経済新聞社　一九九六年）
63 呉暁叢・郭佑民編「秦の始皇帝の地下軍団」（中国　中国旅遊出版社　一九九九年）
64 中国社会科学院考古研究所編「二〇世紀中国　考古大発見」（中国　四川大学出版社　二〇〇〇年）
65 学林出版社編「中国歴代服飾」（中国　新華書店上海発行所　一九九七年　第五刷）
66 阿辻哲次「図説　漢字の歴史」（大修館書店　一九八九年）
67 阮青注釈「淮南子」（中国　華夏出版社　二〇〇〇年）
68 袁珂著　鈴木博訳「中国神話・伝説大事典」（大修館書店　一九九九年）
69 崔鐘雷主編「中国神話」（中国　九州出版社　二〇〇一年）
70 計敏編集「神話伝説」（中国　百家出版社　二〇〇三年）

71　袁珂著　鈴木博訳「中国の神話伝説（上）」（青土社　一九九八年　第五刷）
72　袁珂著　鈴木博訳「中国の神話伝説（下）」（青土社　一九九八年　第五刷）
73　韓路主編「四書五経（上）（中）（下）」（瀋陽出版社　一九九五年）
74　宮崎正勝「早わかり東洋史」（日本実業伝説版社　二〇〇〇年　第四刷）
75　宮城谷昌光「史記の風景」（新潮社　一九九七年　第四刷）
76　新人物往来社編「歴史読本　完全検証『古事記』・『日本書紀』」（新人物往来社　一九九九年　四月号）
77　新人物往来社編「歴史読本『古事記』『日本書紀』の謎」（新人物往来社　二〇〇二年　四月号）
78　三浦佑之訳・注釈「口語訳　古事記」（文藝春秋　二〇〇三年　第十六刷）
79　林豊「古事記・日本書紀を歩く」（ＪＴＢ　一九九九年　第六刷）
80　葉舒憲・田大憲著　鈴木博訳「中国神秘数字」（青土社　一九九九年）
81　李新美責任編集「明十三陵」（中国　中国旅游出版社　一九九六年　第四刷）
82　黄濂「明代十八陵」（中国　大連出版社　二〇〇〇年）
83　唐山市政協文史資料委員会編「清東陵」（社会科学文献出版社　一九九五年）
84　大庭脩「徳川吉宗と康熙帝―鎖国下での日中交流」（大修館書店　一九九九年）

85 故宮博物院編「紫禁城帝后生活」(中国　中国旅游出版社　一九八三年)
86 中国国家地理雑誌社編「地理　特集　百年京城」(中国　中国国家地理雑誌社　一九九九年　十二月号)
87 南方熊楠「十二支考(上)」(岩波文庫　青一三九―一　一九九九年　第十二刷)
88 明・李時珍「本草綱目(上)(中)(下)」(人民衛生出版社　二〇〇〇年)
89 蒼石編「中国龍」(中国　中国電影出版社　二〇〇〇年)
90 李元龍「天壇」(中国　朝華出版社　二〇〇三年　第二刷)
91 李　捷訳注「百家姓・三字経・千字経・弟子規」(中国　山西古籍出版社　二〇〇一年　第二刷)
92 中国民族撮影芸術出版社編「天壇公園」(中国　中国民族撮影芸術出版社)
93 小学館編「星と星座」(小学館　二〇〇三年　第二刷)
94 奈良文化財研究所　飛鳥資料館監修「高松塚古墳」(奈良文化財研究所　飛鳥資料館　二〇〇三年)
95 徳川光圀編「礼儀類典」(宮内庁書陵部所蔵)
96 生田神社編「即位の礼と大嘗祭」(生田神社社務所　二〇〇〇年)
97 橋本義彦「平安貴族社会の研究」(吉川弘文館　一九七六年)
98 吉成勇編「皇位継承〝儀式〟宝典」(新人物往来社　一九九〇年)

99 新人物往来社編「歴史読本　特集　天皇即位　謎の大嘗祭」（新人物往来社　一九九〇年　九月号）
100 王力主編「中国古代文化常識図典」（中国　中国言實出版社　二〇〇二年）
101 熊谷公男「日本の歴史　〇三　大王から天皇へ」（講談社　二〇〇一年）
102 大津透・米谷匡史他「日本の歴史　〇八　古代天皇制を考える」（講談社　二〇〇一年）
103 築達榮八編集「文化庁監修『国宝』二　絵画（注　鳥獣人物戯画など）」（毎日新聞社　一九八六年）
104 高山寺蔵「国宝　鳥獣人物戯画（第一巻～第四巻）」（京都便利堂）
105 東実「鹿島神宮（改定新版）」（学生社　二〇〇〇年　改訂版　初版）
106 香取神宮社務所編「新修　香取神宮小史」（香取神宮社務所　一九九九年　第三刷）
107 仁和寺「別尊曼陀羅　妙見菩薩」（仁和寺『別尊雑記』重要文化財　一一七一―一一七五年製作）
108 茨城県立歴史館編「チンギス・ハーンとその末裔たち」（茨城県立歴史館）
109 森田龍僊「密教占星法（上）」（臨川書店　一九九六年　複製　第八刷）
110 森田龍僊「密教占星法（下）」（高野山大学出版部　一九四一年　初版）

【辞典類】

①　新村出編「広辞苑」（岩波書店　一九八六年　第三版　第四刷）
②　白川静「字通」（平凡社　二〇〇一年　初版　第八刷）
③　商務印書館辞書研究中心修定「新華詞典」（中国　商務印書館　二〇〇一年　第五十一刷）
④　張永言主編「古漢語字典」（中国　巴蜀書社　二〇〇三年　第二刷）

著者略歴

中村彰太郎（なかむらしょうたろう）

１９４０年　川崎市に生まれる。疎開後、栃木県烏山町で成長。
１９５９年　栃木県立宇都宮高校卒業。
１９６３年　東北大学工学部機械科卒業。
１９７２年　株式会社中村製作所社長就任。
１９９４年　中国大連中村精密部件工業有限公司　董事長・総経理就任。

【公職歴】
栃木県商工会連合会会長
烏山商工会長
南那須工業クラブ会長
三菱重工業汎用特車事業部相協会副会長
野州八咫烏《カラス》の会会長
那須烏《カラス》山報徳会会長

三本足のカラス・金烏《きんう》の謎を追う
——第一部　ご縁って不思議　ありがたいことです

2023年5月31日発行　　著　者　中村彰太郎
発行者　向田翔一

発行所　株式会社 22 世紀アート
〒103-0007
東京都中央区日本橋浜町 3-23-1-5F
電話　03-5941-9774
Email: info@22art.net　ホームページ：www.22art.net

発売元　株式会社日興企画
〒104-0032
東京都中央区八丁堀 4-11-10 第 2SS ビル 6F
電話　03-6262-8127
Email: support@nikko-kikaku.com
ホームページ：https://nikko-kikaku.com/

印刷
製本　株式会社 PUBFUN

ISBN：978-4-88877-201-3